よく出る順で
ホントにわかる
英検® 3級

新興出版社 shinko publishing

はじめに

「はじめて英検を受けたい」「英語がニガテ」だけど「合格したい！」
そんなあなたのためにこの本をつくりました。

この本は,英語の基礎学習を“ひとつずつ　すこしずつ”できるようになっています。
英語が苦手な人も，はじめて英検を受ける人も，無理なく学習できて，自然に合格
につながります。

この1冊をやりきって，英検合格を目指しましょう。

この本の使い方

このステップで
ホントにわかる！

はじめに

📖 よんで わかる

イラストと文章でまとめた解説ページを
よんで内容をインプットしましょう。

次に

✏️ といて わかる

よんだ範囲の問題をといてみましょう。
わからない問題があったら前のページに
戻ってOK。

仕上げに

！ホントにわかる 確認のテスト

これまで学習した内容を確認することが
できます。

いっしょに「解き方動画」も視聴しよう！

わからないときや，くわしく教えてほしいときは
無料の解き方動画を見ながら学習しましょう。
※動画の視聴方法は右ページで紹介します。

よんで
わかる → といて
わかる >>>>>>>>>

確認のテスト >>>>>>>>>

わからない
ときは
？

解き方動画

ポケットリスニングを使って，「といてわかる」「確認のテスト」の音声を聞くことができます。
リスニングの単元は，音声を聞きながら問題を解きましょう。

① App Store や Google Play で
「ポケットリスニング」と検索し
専用アプリ「ポケットリスニング」
をインストールしてください。

②「ストア」内の「英検」を選択し
お買い求めいただいた級を
ダウンロードすると
音声を聞くことができます。

▶ 動画の視聴方法　対応OS：iOS 12.0以上（iPad，iPhone，iPod touch 対応）／Android 6.0以上

① App Store や Google Play で「スマレク ebook」と検索し，専用アプリ「スマレク ebook」をインストールしてください。

② 「スマレク ebook」で専用のカメラを起動し，紙面にかざすと解き方動画が再生されます。

[AR カメラ] をタップしてカメラを起動します。

カメラを紙面にかざします。

解き方動画が再生されます。

※動画の視聴には別途通信料が必要となりますので，ご注意ください。

紙面の紹介

重要ポイントをわかりやすくまとめています。

左ページの内容を理解できたかチェックできます。

◀ よんでわかる＆といてわかる

※一部見開きになっていない場合があります。

学んだ内容を復習できます。

▲ 確認のテスト

よく出る単語・熟語や表現がサクッと復習できます。

◀ 別冊「直前チェックBOOK」

試験会場にも持っていきやすい別冊になっています。取り外して使ってください。

もくじ

1章 名詞

1章 動詞

1章 形容詞・副詞・接続詞・前置詞・代名詞

1章 熟語

1章 文法

受験の てびき

英検は，小学生から社会人まで幅広い層が受験する実用英語技能検定です。その資格が，高校・大学の入学試験などで優遇されたり，海外留学時の語学力証明に認定されたりしています。英検には，「従来型」と「英検S-CBT」の2つの試験方式があります。これから，年3回実施される「従来型」についての申し込み方法や試験の日程などをご紹介します。なお，英検S-CBT については，日本英語検定協会のホームページでご確認ください。

▌試験日程と注意点

試験は年3回実施されます。

一次試験《筆記試験》

第1回／6月頃	第2回／10月頃	第3回／1月頃

受験の申込締切は，一次試験のおよそ1か月前です。
試験実施日は会場によって異なります。
試験会場は，全国に設置されています。自宅近くの会場や自分が通う学校，塾などで受験することができます。

> ✔ 一次試験にあたって
>
> 一次試験では，筆記試験(50分)の後に，リスニングテスト(約25分)が行われます。
> 受験の目安は「中学卒業程度」で，試験では「身近な英語を理解し，また使用することができる」かどうかを審査します。なお，以下は技能別の審査基準です。
>
> - 読む(リーディング)　　身近なことに関する文章を理解することができる。
> - 聞く(リスニング)　　　身近なことに関する内容を理解することができる。
> - 話す(スピーキング)　　身近なことについてやりとりすることができる。(二次試験)
> - 書く(ライティング)　　身近なことについて書くことができる。
>
> 解答は「マークシート」方式で，英作文問題が記述式になります。
> 試験では，HBの黒えんぴつ，または，シャープペンシルと消しゴムが必要です。
> サインペン・ボールペンなどは使用できません。

二次試験《面接試験》

一次試験の合格者は，二次試験を受験することができます。
面接委員から問題カードが渡され，英語で話し合います。自分の考えを伝えましょう。

▌申し込みから一次試験当日までの流れ

① 申し込み

個人での申し込みと団体での申し込みがあります。検定料を支払って申し込みます。
個人で申し込む場合は，以下の3つの方法があります。

インターネット申し込み コンビニ申し込み 特約書店申し込み

② 一次受験票到着

受験票が届いたら，内容を確認しましょう。
特に，**受験時間と受験会場はまちがえないようにしっかり確かめましょう。**
家から受験会場までの行き方を調べておきましょう。

③ 前日までの準備

試験会場に持っていくものを準備しておきましょう。

✔ 持ち物リスト
- ☐ 一次受験票 ☐ 身分証明書 ☐ HBの黒えんぴつ，または，シャープペンシル
- ☐ 消しゴム ☐ うわばき(受験票で必要かどうかを確認)
- ☐ 腕時計(携帯電話での代用不可)

④ 一次試験当日

❶ 着席時間前に会場に着くように，**早めに家を出ましょう。**
❷ 会場に着いたら，受験する**教室に移動**します。
着席時間以降は，原則，解散まで席を離れることができません。
❸ 教室に入ったら，放送などの指示に従って，解答用紙に**必要事項を記入**します。
❹ 試験開始の合図で筆記試験を始めます。

▌一次試験の合否判定

一次試験でリーディング，ライティング，リスニングの3技能が判定されます。
それぞれで問題数は異なりますが，スコアは均等に配分されています。
リーディング550点，ライティング550点，リスニング550点の**合計1650点**で，
合格基準スコアは1103点です。

■一次試験の内容

① 筆記試験〈50分〉

		形式・課題	問題数	解答形式
リーディング	問題1	[短文の語句空所補充] 文脈に合う適切な語句を補う。	15	4肢選択
	問題2	[会話文の文空所補充] 文脈に合う適切な文や語句を補う。	5	
	問題3	[長文の内容一致選択] 3A　掲示・案内に関する内容に答える。 3B　Eメール（手紙）に関する内容に答える。 3C　説明文に関する内容に答える。	2 3 5	
ライティング	問題4	[英作文] 質問に対する回答を英文で書く。	1	記述式

② リスニングテスト〈約25分〉

		形式・課題	放送回数	問題数	解答形式
リスニング	第1部	[会話の応答文選択] 会話の最後の発話に対する応答として最も適切なものを補う。	1	10	3肢選択 （選択肢は読み上げ）
	第2部	[会話の内容一致選択] 会話の内容に関する質問に答える。	2	10	4肢選択 （選択肢は印刷）
	第3部	[文の内容一致選択] 短い物語文や説明文の内容に関する質問に答える。	2	10	

➡ 主な場面・題材

場面・状況	家庭，学校，地域（各種店舗・公共施設を含む），電話，アナウンスなど
話題	家族，友達，学校，趣味，旅行，買い物，スポーツ，映画，音楽，食事，天気，道案内，自己紹介，休日の予定，近況報告，海外の文化，人物紹介，歴史など

■二次試験の内容　英語での面接〈約5分〉

	形式・課題	問題数	解答形式
スピーキング	30語程度のパッセージ(文章)を読む。	1	個人面接 面接委員1人
	音読したパッセージについての質問に答える。	1	
	イラスト中の人物の行動や物の状況を描写する。	2	
	日常生活の身近な事柄についての質問に答える。 (カードのトピックに直接関連しない内容も含む)	2	

➜ 身近なことに関する話題として，過去に出題された例

携帯電話，ラジオを聴く，読書週間，冬のスポーツ，朝市，四季

本書を使った学習のポイント

出題傾向を理解し，効率よく学習する

本書では，過去の問題を徹底的に分析した上で，よく出る単語や熟語，文法などの順に構成し，よく出題される場面・題材や問題のパターンを扱っています。本書で学習することで，出題傾向を理解しながら，効率的に学習を進めることができます。解けない問題がある場合は，解き方動画を活用しましょう。また，実際の試験の設問順に学習することができるので，必要な技能を自然に身につけることができます。

ライティング対策を忘れずに

一次試験のリーディング，リスニング，ライティングのそれぞれのスコアの合計点は均一に配点されていますが，問題数としては，リーディングが多く，ライティングは記述式の問題のみとなります。つまり，ライティングについては，短期間でしっかり対策しておけば，全体のスコアの1/3をカバーしたことになります。もちろん，リーディング，リスニングについてもしっかり対策しておきましょう。

二次試験の面接もしっかり対策

面接委員と話す内容を対策することの他にも，入室から退室までの一連の流れを理解しておくと，試験当日も落ち着いて話すことができます。面接動画を活用しましょう。

英検の詳しい内容については，以下のURLをご参照ください。
公益財団法人　日本英語検定協会　英検ウェブサイト：https://www.eiken.or.jp

英語の書き方　アルファベットから文へ

アルファベット

□英語で使う文字はアルファベットと呼ばれます。

□アルファベットは26文字で，それぞれに大文字と小文字があります。

□アルファベットには，活字体やブロック体などの書体があります。

活字体	ブロック体
A a	A a
B b	B b
C c	C c
D d	D d
E e	E e
F f	F f
G g	G g
H h	H h
I i	I i
J j	J j

活字体	ブロック体
K k	K k
L l	L l
M m	M m
N n	N n
O o	O o
P p	P p
Q q	Q q
R r	R r
S s	S s
T t	T t

活字体		ブロック体	
U	u	U	u
V	v	V	v
W	w	W	w

活字体		ブロック体	
X	x	X	x
Y	y	Y	y
Z	z	Z	z

単語の書き方

□単語はふつう小文字で書きます。

book
本

cat
ネコ

live
住んでいる

beautiful
美しい

□人の名前や地名, 国名, 言語名, 月の名前, 曜日などは頭文字を大文字にします。

Yumi
ユミ

Tokyo
東京

Japan
日本

July
7月

Sunday
日曜日

文を書いてみよう!

文は必ず大文字から始まり，文の最後にはピリオド（.）やクエスチョン・マーク（?）を付けます。下に同じ英文を書いてみましょう。

※ここではブロック体を使用しています。

大文字で始める

単語と単語の間は少しあける

He is John. ピリオドを忘れずに！

（彼はジョンです。）

英語の語順

英語がむずかしいと感じるのは，日本語と語順が違うからです。
英語の語順のパターンを覚えて，その順に単語を並べれば，英語は決してむずかしいことばではありません。

この基本にそって，次の4つの語順を覚えておきましょう。

※4級までで学習した，〈助動詞（can, will, must, may など）＋動詞の原形〉や〈be動詞＋動詞のing形〉，3級で学習する，〈be動詞＋過去分詞〉，〈have[has]＋過去分詞〉などは，セットで動詞の意味を表すと考えましょう。

①

主語	動詞	日本語 》
I 私は	walk. 歩く	私は歩きます。
The door そのドアは	was opened. 開けられた	そのドアは開けられました。

②

主語	動詞	+α	日本語 》
I 私は	play する	tennis. テニスを	私はテニスをします。
She 彼女は	is studying 勉強している	English. 英語を	彼女は英語を勉強しています。
I 私は	can speak 話すことができる	English. 英語を	私は英語を話すことができます。
I 私は	am =	Yumi. ユミ	私はユミです。
He 彼は	looks 見える	happy. うれしい	彼はうれしそうに見えます。

「＋α」の中にも決まった語順があります。

		人に	ものを	日本語 》
My parents 私の両親は	**gave** くれた	**me** 私に	**a present.** プレゼントを	私の両親は私にプレゼントをくれました。
He 彼は	**showed** 見せた	**us** 私たちに	**a map.** 地図を	彼は私たちに地図を見せてくれました。

		Aを	Bと[Bに]	日本語 》
We 私たちは	**call** 呼ぶ	**the cat** そのネコを	**Miki.** ミキと	私たちはそのネコをミキと呼びます。
The news そのニュースは	**made** した	**us** 私たちを	**happy.** 幸せに	そのニュースは私たちを幸せな気持ちにしました。

AとBは「＝(イコール)」の関係です。the cat＝Miki, us＝happy

場所や時を言いたいときは，ふつう，いちばん後ろに置きます。

I 私は	**eat** 食べる	**lunch** 昼食を	**in my room.** 私の部屋で	私は私の部屋で昼食を食べます。

13

1 よく出る名詞①〜⑳

月／日

📖 よんでわかる

1 ランク①〜⑩の名詞

① people 人々

② date 日付

③ festival 祭り

④ subject 科目

⑤ week 週

⑥ child 子ども
→複数形はchildren

⑦ parent 親

⑧ kind 種類

⑨ world 世界

⑩ city 都市

いっしょに覚えよう
⑦「両親」を表す場合は，複数形にする。
→parents

ポイント
② What's the date today?「今日は何日ですか。」
⑨ all over the world「世界中の」I want to meet people all over the world.「私は世界中の人々と会いたい。」

2 ランク⑪〜⑳の名詞

⑪ place 場所

⑫ money お金

⑬ contest コンテスト

⑭ thing もの，こと

⑮ hour （1）時間

⑯ movie 映画

⑰ picture 絵，写真

⑱ wife 妻
→複数形はwives

⑲ country 国

⑳ event 出来事

いっしょに覚えよう
⑫ moneyは不可算名詞。
→much money ○
　many monies ×
⑱「夫」はhusband。

ポイント
⑮ for 〜 hour(s)「〜時間の間」 I slept for nine hours.

 といて わかる

次の (1) から (6) までの (　) に入れるのに最も適切なものを**1，2，3，4**の中から1つ選びなさい。

(1)　I rode a train for a few (　　　　) to meet my cousins in Hiroshima.

 1 flags **2** matches **3** hours **4** changes

(2)　*A*: Lucy, which (　　　) are you good at?

 B: Well, I always get high scores on my science tests.

 1 country **2** subject **3** picture **4** event

(3)　Kenji has many (　　　) to do during his summer vacation. He wrote them down on his calendar.

 1 tourists **2** voices **3** messages **4** things

(4)　*A*: What (　　　) of work do you want to do in the future?

 B: I want to be a teacher because I love children.

 1 festival **2** kind **3** recipe **4** hobby

(5)　*A*: Do you know this (　　　)? It's really interesting.

 B: Yes, of course. I saw it in the theater last year.

 1 movie **2** system **3** risk **4** luck

(6)　*A*: I was surprised that there were so many (　　　) on the train.

 B: I know. It's always crowded on weekday mornings.

 1 people **2** cities **3** goals **4** offices

ヒント (1) rode<rideの過去形　　(2) be good at ～　～が得意である

(3) write down ～　～を書きとめる

答え ▶ 別冊 **p.2**

2 よく出る名詞㉑〜㊵

月 / 日

📖 よんでわかる

1 ランク㉑〜㉚の名詞

㉑ **minute** 分

㉒ **history** 歴史

㉓ **idea** 考え, アイデア

㉔ **race** 競争

㉕ **company** 会社

㉖ **vacation** 休暇

㉗ **meeting** 会議

㉘ **office** 事務所, オフィス

㉙ **concert** コンサート

㉚ **information** 情報
→不可算名詞

いっしょに覚えよう

㉑ 「秒」は *second*

㉖ *vacation*は「仕事や学校の長期休暇」, *holiday*はカレンダーの「祝日」や「祭日」を言う。

ポイント　㉓ *have no idea*は「まったくわからない」という意味になる。
Do you know where Jane is? — I have no idea.

2 ランク㉛〜㊵の名詞

㉛ **life** 一生, 生活, 命
→複数形はlives

㉜ **area** 地域, 区域

㉝ **piece** 一切れ, ひとかけら

㉞ **plan** 予定, 計画
→動詞 plan「〜を計画する」

㉟ **work** 仕事
→動詞 work「働く」

㊱ **problem** 問題

㊲ **husband** 夫

㊳ **soldier** 兵士

㊴ **visitor** 訪問者, 観光客
→動詞はvisit「訪れる」

㊵ **floor** 床, 階

いっしょに覚えよう

㊱ *problem*は「困難な状況や解決すべき状況の問題」という意味で, *question*は「答えが明らかな質問」という意味で使う。

ポイント　㉝ 〈*a piece of*＋不可算名詞〉「1つの〜」, 〈*two pieces of*＋不可算名詞〉「2つの〜」のようにして数を表すことができる。
㊵ 序数＋*floor*「〜階」　*His office is on the third floor.*

 **といてわかる**

次の (1) から (6) までの（ ）に入れるのに最も適切なものを**1**, **2**, **3**, **4**の中から１つ選びなさい。

(1) Alice bought a ticket for her favorite singer's (   ). She is very excited now.

　　1 schedule　　**2** idea　　**3** minute　　**4** concert

(2) *A*: Do you have any (   ) for this weekend?

　　B: Yes. I'm going to visit my aunt and uncle in New York.

　　1 questions　　**2** plans　　**3** controls　　**4** pieces

(3) *A*: There's a (   ) with my computer, Dad.

　　B: Let me see. Oh, I think I can fix it.

　　1 score　　**2** coach　　**3** person　　**4** problem

(4) *A*: Nick, why don't we go for a drive tomorrow?

　　B: Sorry. I have a lot of (   ) to do, so I can't.

　　1 break　　**2** advice　　**3** hope　　**4** work

(5) Sally read a book about the (   ) of Edison. She thought he was a great inventor.

　　1 life　　**2** stranger　　**3** cover　　**4** way

(6) *A*: I'm interested in the new amusement park that opened last month.

　　B: Me, too. Let's visit its website and get more (   ) about it.

　　1 attention　　**2** information　　**3** business　　**4** travel

----

ヒント (1) bought<buyの過去形　　(4) go for a drive　ドライブをする

　　(5) inventor　発明家　　　　　　　　　　　　　　　　答え ▶ 別冊 **p.2**

3 よく出る名詞㊶～(60)

月　日

よんでわかる

1 ランク㊶～㊿の名詞

㊶ **Internet** インターネット

㊷ **performance** パフォーマンス，演技

㊸ **schedule** 予定

㊹ **tournament** トーナメント

㊺ **aunt** おば

㊻ **center** 中心

㊼ **dollar** ドル

㊽ **question** 質問

㊾ **winner** 勝利者
→動詞はwin「勝利する」

㊿ **building** 建物
→動詞はbuild「建てる」

いっしょに覚えよう

㊺「おじ」は**uncle**

㊼ **dollar**は数えられる名詞で複数形は**dollars**。**yen**も数えられる名詞だが，単数も複数も同じ形で**yen**となる。

ポイント ㊶ **on the Internet**「インターネットで」。 *I checked it on the Internet.*

2 ランク(51)～(60)の名詞

(51) **band** （音楽の）バンド

(52) **language** 言語，言葉

(53) **rule** 規則，ルール

(54) **island** 島

(55) **recipe** レシピ，調理法

(56) **theater** 劇場，映画館

(57) **coffee** コーヒー

a cup of coffee

(58) **space** 宇宙，空間

(59) **type** 型，種類

(60) **word** 語，単語

いっしょに覚えよう

(57) **coffee**は数えられない名詞だが，店で注文する場合は，カップに入っているものを指すので**a coffee**や**two coffees**と言う。

ポイント (53) **follow a rule**「規則を守る」
Students must follow the school rules.

といてわかる

次の (1) から (6) までの (　) に入れるのに最も適切なものを **1，2，3，4**の中から 1 つ選びなさい。

(1)　Our baseball team is very strong. We were the (　　　) of this year's tournament.

　　1 winner　　**2** parade　　**3** visitor　　**4** guide

(2)　*A*: Wow, how did you make this cake? It's delicious!

　　B: Thanks. It's not difficult. I'll give you the (　　　).

　　1 rule　　**2** cook　　**3** recipe　　**4** island

(3)　*A*: What (　　　) of music do you usually listen to?

　　B: I listen to pop songs a lot.

　　1 type　　**2** rock　　**3** favorite　　**4** habit

(4)　Shopping malls, movie theaters and restaurants are in the (　　　) of the city.

　　1 center　　**2** performance　　**3** floor　　**4** leader

(5)　*A*: Look at that tall (　　　).

　　B: Let's go up to the top of it. I want to see the view from there.

　　1 hill　　**2** world　　**3** student　　**4** building

(6)　*A*: I want to learn many (　　　) and make friends with people from all over the world.

　　B: That's a good idea.

　　1 cousins　　**2** prices　　**3** languages　　**4** areas

ヒント (6) make friends with ～「～と友達になる」　　答え ▶ 別冊 **p.2 ～ 3**

4 よく出る名詞 ⑥1～⑧0

月 / 日

📖 よんでわかる

1 ランク⑥1～⑦0の名詞

- ⑥1 **accident** 事故
- ⑥2 **college** 大学
- ⑥3 **contact** 接触, 連絡
  →動詞 contact「〜に連絡をとる」
- ⑥4 **price** 価格
- ⑥5 **size** 大きさ, サイズ

- ⑥6 **uncle** おじ
- ⑥7 **wedding** 結婚式
- ⑥8 **environment** 環境
- ⑥9 **gift** 贈り物

- ⑦0 **apartment** アパート, 賃貸マンション

いっしょに覚えよう
- ⑥2 「大学」を表す語はほかに **university**がある。
- ⑦0 日本の賃貸マンションは英語ではapartmentと言う。英語でmansionと言うと「大邸宅, 豪邸」という意味になる。

ポイント
- ⑥3 make contact with 〜「〜と連絡をとる」
- ⑥4 high, lowで「高い」・「低い」を表す。
  The shop sells good products at low prices.

2 ランク⑦1～⑧0の名詞

- ⑦1 **aquarium** 水族館
- ⑦2 **cousin** いとこ
- ⑦3 **customer** 顧客
- ⑦4 **light** 光, 明かり

- ⑦5 **news** ニュース, 知らせ
- ⑦6 **salesclerk** 店員, 販売員
- ⑦7 **salt** 塩
- ⑦8 **view** 景色
- ⑦9 **wallet** 財布

- ⑧0 **century** 世紀

いっしょに覚えよう
- ⑦1 amusement park「遊園地」 museum「博物館」 theme park「テーマパーク」
- ⑦6 飲食店の店員はwaitstaffやserverなどと言う。

ポイント
- ⑦4 turn on[off] a light「明かりをつける[消す]」
  Can you turn on the light, please?

 **といてわかる**

次の (1) から (6) までの (　) に入れるのに最も適切なものを1，2，3，4の中から1つ選びなさい。

(1) The shopping center is having a sale now. All (　　　) who spend more than 30 dollars will get a 5% discount.

  1 supermarkets　　**2** weddings　　**3** stores　　**4** customers

(2) Jane was surprised at the (　　　) of the clothes at the store. They were very cheap.

  1 toys　　**2** prices　　**3** blossoms　　**4** phones

(3) Nancy graduated from high school this year. She will study at the same (　　　) as her cousin.

  1 century　　**2** language　　**3** college　　**4** wish

(4) *A*: Andy, did you turn off the (　　　) in your room?
  B: Oh, no. I forgot again.

  1 light　　**2** floor　　**3** environment　　**4** door

(5) *A*: Why were you so late?
  B: There was a car (　　　) and the road was very crowded.

  1 blanket　　**2** action　　**3** ring　　**4** accident

(6) *A*: Do you keep (　　　) with Jack? I have something to ask him.
  B: OK. I'll give you his email address then.

  1 example　　**2** gift　　**3** contact　　**4** noise

---

5 よく出る名詞 ⑧1〜⑩00

月／日

📖 よんでわかる

1 ランク⑧1〜⑨0の名詞

⑧1 **disability** 障がい

⑧2 **break** 休み時間
→動詞 break「〜を壊す」

⑧3 **fact** 事実

⑧4 **grade** 成績, 学年

first grade

⑧5 **license** 免許

⑧6 **model** 模型, モデル

⑧7 **musician** 音楽家

⑧8 **notice** 通知, 掲示
→動詞 notice「〜に気づく」

⑧9 **owner** 所有者
→動詞はown「〜を所有する」

⑨0 **prize** 賞, 賞品, 賞金

いっしょに覚えよう

⑧7 _artist_「芸術家」
photographer「写真家」
singer「歌手」
writer「作家」

ポイント ｜ ⑨0 win a prize「賞を獲得する」 I won a prize in the speech contest.

2 ランク⑨1〜⑩00の名詞

⑨1 **project** 計画, 企画

⑨2 **promise** 約束
→動詞 promise「約束する」

⑨3 **reason** 理由

⑨4 **stay** 滞在
→動詞 stay「滞在する」

⑨5 **symbol** 象徴, シンボル

⑨6 **war** 戦争

⑨7 **adult** 大人

⑨8 **advice** 助言, 忠告
→不可算名詞

⑨9 **award** 賞

⑩00 **cloud** 雲

いっしょに覚えよう

⑩00 _cloudy_「くもった」
rainy「雨降りの」
sunny「よく晴れた」
windy「風の強い」

ポイント ｜ ⑨2 keep[break] one's promise「約束を守る[やぶる]」
My father always keeps his promise.
⑨8 give advice「助言する」 Lucy gave her sister some advice.

 **といてわかる**

次の (1) から (6) までの (　) に入れるのに最も適切なものを**1，2，3，4**の中から1つ選びなさい。

(1) A: Dad, I don't know what to give Grandpa for his birthday. Can you give me some (　　　)?

B: Sure. Let's talk about it this weekend.

1 sound　**2** line　**3** advice　**4** garage

(2) Kenji studied abroad in America. During his (　　　), he learned the differences between American and Japanese culture.

1 reason　**2** stay　**3** mind　**4** limit

(3) I trust my best friend, David. He keeps his (　　　) and never tells anyone my secrets.

1 spaces　**2** symbols　**3** contacts　**4** promises

(4) A: This (　　　) says that there will be a summer festival in this town.

B: Wow, let's go to it together.

1 race　**2** wallet　**3** weather　**4** notice

(5) A: Hey, look. The sky is covered with gray (　　　).

B: Yeah. It's going to rain soon.

1 stars　**2** areas　**3** nights　**4** clouds

(6) A: I heard you are going to do volunteer work.

B: Yeah. I will help people with (　　　) do their shopping.

1 exchanges　**2** disabilities　**3** grades　**4** entrances

ヒント (2) study abroad「留学する」，difference between A and B「AとBの違い」

(6) do one's shopping「買い物をする」

次の (1) から (14) までの（　）に入れるのに最も適切なものを**1，2，3，4**の中から 1 つ選びなさい。

(1) *A*: Oh, the bus has just arrived. Let's get on it.

　　B: Hey, wait a (　　　). That's not the one we need to take.

　　1 minute　　**2** walk　　**3** time　　**4** hour

(2) David is making vegetable soup now. He is going to cut some onions, carrots and tomatoes into small (　　　).

　　1 arts　　**2** types　　**3** spaces　　**4** pieces

(3) *A*: How is the (　　　) you moved into?

　　B: It's great. I live on the 10th floor and the view from there is beautiful.

　　1 uniform　　**2** apartment　　**3** culture　　**4** plan

(4) *A*: Do you know the (　　　) why Mr. Brown is not at the office today?

　　B: Yes. He is taking his daughter to the hospital.

　　1 reason　　**2** future　　**3** promise　　**4** schedule

(5) *A*: How was the (　　　) you went to yesterday?

　　B: I enjoyed it so much. I love looking at fish.

　　1 ceiling　　**2** aquarium　　**3** garage　　**4** weather

(6) Anne is planning to enter an art (　　　). The winner will get 300 dollars as a prize.

　　1 painting　　**2** stadium　　**3** gift　　**4** contest

(7)　Frank is studying about wars of the past in his history class. He learned that many (　　　) died in them.

1 fights　　**2** bodies　　**3** soldiers　　**4** years

(8)　*A*: What is the most important thing when playing sports?
　　B: It's to follow the (　　　) and have fun.

1 tournaments　　**2** hobbies　　**3** times　　**4** rules

(9)　Our family goes to a shrine in town on New Year's Day. It's very old and has a long (　　　).

1 parent　　**2** idea　　**3** history　　**4** date

(10)　Carol's brother likes to exercise. She gave him a (　　　) of jogging shoes for his birthday present.

1 shape　　**2** team　　**3** recipe　　**4** pair

(11)　Evan's aunt got married and had a baby. He is happy to have a (　　　) for the first time.

1 husband　　**2** cousin　　**3** uncle　　**4** wife

(12)　The town has a lot of beautiful old buildings. Most of them were built in the last (　　　).

1 street　　**2** tradition　　**3** symbol　　**4** century

(13)　*A*: Guess what? I passed the test.
　　B: Wow. That's great (　　　). I'm so glad to hear that.

1 prize　　**2** nature　　**3** news　　**4** sound

(14)　The best (　　　) to buy bread is the bakery in front of the station.

1 place　　**2** bank　　**3** outside　　**4** case

答え ▶ 別冊 p.3 ～ 4

3級の名詞

★よく出る名詞をもっと学習しよう。

ランク 101〜120 の名詞

101 **goal** 目標，ゴール

102 **firework** 花火

103 **million** 百万

104 **order** 注文，命令

105 **parade** パレード，行列

106 **road** 道

107 **sound** 音

108 **staff** 従業員，職員

109 **thousand** 千

110 **toy** おもちゃ

111 **bakery** パン店

112 **ceiling** 天井
→床はfloor

113 **coat** コート

114 **comedy** コメディ，喜劇

115 **dress** ドレス

116 **garage** 車庫

117 **kilometer** キロメートル

118 **leader** 指導者

119 **line** 線

120 **pair** 一対

ランク 121〜140 の名詞

121 **shape** 形

122 **turn** 順番

123 **pollution** 汚染，公害

124 **president** 大統領，社長

125 **regard** 配慮，思いやり
手紙の最後の結びの言葉として，Best regards「最上の敬意を込めて」のように使うこともある。

126 **slice** 1枚

127 **statue** 像

128 **video** ビデオ，動画

129 **address** 住所，演説

130 **airport** 空港

131 **bank** 銀行

132 **blossom** 花

133 **business** 商売

いっしょに覚えよう

衣服を表す言葉

coat コート

dress ドレス

jeans ジーンズ

sweater セーター

costume 衣装

数を表す言葉

ten 10

hundred 100

thousand 1,000

million 1,000,000

10,000は，ten thousand。100,000は，hundred thousandだよ。

場所を表す言葉

world 世界

city 都市

place 場所

country 国

island 島

space 宇宙，空間

ocean 海

capital 首都

(134) **elevator**
エレベーター

(135) **entrance** 入口

(136) **experience** 経験

(137) **farmer**
農場経営者, 農家

(138) **flag** 旗

(139) **interview**
面接, 面談, インタビュー

(140) **jeans** (複数形)ジーンズ

ランク(141)〜(160)の名詞

(141) **key** 鍵

(142) **matter** 問題

(143) **message** 伝言

(144) **mind** 心, 精神

(145) **mirror** 鏡

(146) **mistake** 間違い

(147) **noise** 物音, 騒音

(148) **ocean** 海

(149) **person** 人

(150) **power** 力

(151) **volunteer**
ボランティア(をする人)

(152) **storm** 嵐, 暴風雨

(153) **voice** 声

(154) **air** 空気

(155) **amusement** 娯楽

(156) **capital** 首都

(157) **captain**
主将, キャプテン

(158) **costume** 衣装

(159) **exam** 試験, テスト

(160) **example** 例

いっしょに覚えよう

人を表す言葉

people 人々

child 子ども

parent 親

wife 妻

husband 夫

aunt おば

uncle おじ

cousin いとこ

customer 顧客

salesclerk
店員, 販売員

leader 指導者

president
大統領, 社長

person 人

volunteer
ボランティア(をする人)

学校・教育を表す言葉

subject 科目

vacation 休暇

question 質問

rule 規則, ルール

college 大学

break 休み時間

grade 成績, 学年

exam 試験

数え方を表す言葉

week 週

hour (1)時間

minute 分

piece 一切れ, ひとかけら

dollar ドル

century 世紀

kilometer
キロメートル

pair 一対

slice (うすく切った)1枚

a pair of shoes「一足のくつ」,
two slices of bread「2枚のパン」
のように言うよ!

27

6 よく出る動詞①〜⑳

月 / 日

📖 よんでわかる

1 ランク①〜⑩の動詞

① **have** 〜を持っている
→have-had-had

② **get** 〜を手に入れる
→get-got-gotten[got]

③ **want** 〜がほしい

④ **make** 〜を作る
→make-made-made

⑤ **take**
〜を連れていく，〜を取る
→take-took-taken

⑥ **see** 〜を見る
→see-saw-seen

⑦ **buy** 〜を買う
→buy-bought-bought

 sell buy

⑧ **give**
〜を与える，〜をあげる
→give-gave-given

⑨ **think** 〜と思う
→think-thought-thought

⑩ **know** 〜を知っている
→know-knew-known

〖 いっしょに覚えよう 〗
⑥ **see**は視界に入ってきたものを「見る，見かける」，**look**は意識的に何かを「見る，目を向ける」，**watch**は集中して「じっと見る，注意を向ける」の意味。

ポイント ❸ **want to do**で「〜したい」の意味。I **want to play** the piano.

2 ランク⑪〜⑳の動詞

⑪ **call**
〜を呼ぶ，電話をかける

⑫ **write** 〜を書く
→write-wrote-written

⑬ **say** 〜と言う
→say-said-said

⑭ **look** 見る，〜に見える

目を向けて
見るときは look

⑮ **use** 〜を使う

⑯ **tell** 〜を話す，〜を伝える
→tell-told-told

教えるときは teach

⑰ **need** 〜を必要とする

⑱ **let** 〜させる
→let-let-let

⑲ **help** 〜を助ける

⑳ **sell** 〜を売る
→sell-sold-sold

〖 いっしょに覚えよう 〗
⑯電話番号，道順など単純な情報を教える場合は**tell**，知識や技術などを教える場合は**teach**を使う。

ポイント
⑪ **call A B**で「AをBと呼ぶ」の意味。John **calls** his dog Leo.
⑲ **help**＋人＋**with** 〜 「人の〜を手伝う」
Shall I **help you with** your homework?

 **といてわかる**

次の (1) から (6) までの (　) に入れるのに最も適切なものを**1，2，3，4**の中から１つ選びなさい。

(1)　*A*: Could you draw a map to your house from the station?

　　B: Of course. Do you (　　　) a pen?

　　　1 write　　**2** have　　**3** think　　**4** say

(2)　*A*: I want to go swimming with you and Lisa next Sunday.

　　B: All right. I'll (　　　) Lisa about that.

　　　1 tell　　**2** know　　**3** collect　　**4** answer

(3)　Emma wants to become a music teacher. She (　　　) violin and piano lessons after school.

　　　1 matches　　**2** puts　　**3** calls　　**4** takes

(4)　*A*: Can we do our homework together today?

　　B: Sorry, I can't. I'm going to (　　　) dinner and a cake for my father's birthday.

　　　1 save　　**2** make　　**3** help　　**4** ask

(5)　Many college students (　　　) the study rooms at the library.

　　　1 return　　**2** serve　　**3** push　　**4** use

(6)　Eric is a very good boy. He always (　　　) his mother with the dishes.

　　　1 finishes　　**2** helps　　**3** washes　　**4** gives

ヒント (1) Could you 〜? 「〜していただけますか」　(2) go swimming 「泳ぎに行く」

(4) do *one's* homework 「〜の宿題をする」　　　　　　　　答え ▶ 別冊 **p.4**

7 よく出る動詞㉑〜㊵

📖 よんでわかる

1 ランク㉑〜㉚の動詞

㉑ find ～を見つける，～とわかる
→find-found-found

㉒ ask ～をたずねる，～を頼む

㉓ enjoy ～を楽しむ

㉔ put ～を置く，～を入れる
→put-put-put

㉕ meet ～に会う
→meet-met-met

㉖ leave ～を去る，～を置き忘れる
→leave-left-left

㉗ bring ～を持ってくる
→bring-brought-brought

㉘ watch ～をじっと見る
動くものをみる
ときは watch

㉙ learn ～を学ぶ

㉚ try ～を試みる，～を試す

> **いっしょに覚えよう**
>
> ㉕ **meet**は初対面の人と出会う場面を中心に用いられ，**see**はすでに知っている人と会う場面で用いられることが多い。

ポイント ㉚ **try to do**で「～しようとする[試みる]」の意味。
I **tried to catch** the butterfly.

2 ランク㉛〜㊵の動詞

㉛ work 働く

㉜ wear ～を身につけている
→wear-wore-worn

㉝ hope ～を望む

㉞ speak 話す
→speak-spoke-spoken

㉟ stay とどまる，滞在する

㊱ join ～に加わる

㊲ build ～を建てる
→build-built-built

㊳ finish ～を終える

㊴ hear ～が聞こえる
→hear-heard-heard

㊵ remember ～を思い出す，～を覚えている

> **いっしょに覚えよう**
>
> ㊴ 自然に耳に入ってくる場合は**hear**を使い，意識的に聞く場合は**listen to**を使う。

ポイント ㊳ **finish**＋ing形「～し終える」。後ろは必ずing形がくる。
I've **finished writing** my report.

 **といてわかる**

次の (1) から (6) までの ( ) に入れるのに最も適切なものを **1，2，3，4**の中から 1 つ選びなさい。

(1) A: Mom, I have ( ) cleaning my room.

B: All right. Then you can go outside and play with your friends.

1 returned **2** finished **3** held **4** moved

(2) A: Excuse me. I ( ) to put on this T-shirt, but it's too small for me.

B: I'll bring you a larger size. Please wait here.

1 watched **2** wore **3** tried **4** brought

(3) When Ms. Green was cleaning the house, she ( ) her husband's glasses under a newspaper.

1 sold **2** looked **3** followed **4** found

(4) Keiko studies English very hard. Her dream is to ( ) abroad in the future.

1 speak **2** collect **3** work **4** plan

(5) I ( ) in a hotel by the sea with my family. We could see an ocean view from our room.

1 left **2** built **3** stayed **4** used

(6) A: I'm looking forward to the sports festival tomorrow.

B: Me, too. I ( ) the weather will be nice.

1 excite **2** catch **3** win **4** hope

ヒント (4) abroadは「海外で」という意味の副詞。 (5) byは「～のそばの」の意味。

(6) look forward to ～ 「～することを楽しみにする」 答え ▶ 別冊 **p.5**

8 よく出る動詞㊶〜㉍

月 / 日

📖 よんでわかる

1 ランク㊶〜㊿の動詞

㊶ **talk** 話す

㊷ **clean** 〜をきれいにする

㊸ **decide** 〜を決心する

㊹ **name** 〜に名前をつける

㊺ **practice** 〜を練習する

㊻ **send** 〜を送る
→send-sent-sent

㊼ **rain** 雨が降る

㊽ **wait** 待つ

㊾ **begin** 〜を始める
→begin-began-begun

㊿ **hold** 〜を持つ[握る]
→hold-held-held

いっしょに覚えよう

㊶ <u>talk</u>は「話し相手と話す・しゃべる」の意味で，<u>speak</u>は「一方的に話す・演説する」という意味で使う。

㊾ <u>start</u>も「〜を始める」の意味。

> **ポイント** ｜ ㊸ **decide to do**「〜することに決める」。 **I decided to study abroad.**

2 ランク㊶〜㉍の動詞

㊶ **check** 〜を調べる，〜を確認する

㊷ **grow** （人・植物）が育つ，（植物）を育てる
→grow-grew-grown

㊸ **worry** 心配する，〜を心配させる

㊹ **lose** 〜をなくす，負ける
→lose-lost-lost

㊺ **please** 〜を喜ばせる

㊻ **show** 〜を見せる

㊼ **sound** 〜に聞こえる，〜に思われる

㊽ **forget** 〜を忘れる
→forget-forgot-forgot

㊾ **keep** 〜を取っておく，〜にしておく
→keep-kept-kept

㉍ **pay** 〜を支払う
→pay-paid-paid

いっしょに覚えよう

㊷「（人）を育てる」と言う場合は<u>raise</u>を使う。

> **ポイント** ㊼〈**sound**＋形容詞〉や〈**sound like**＋名詞〉で「〜のように聞こえる[思える]」の意味。 **That sounds great!**「すごくよさそうですね！」／**Sounds like fun.**「楽しそうですね。」
>
> ㊾ **keep**＋ing形で「〜し続ける」の意味。**He kept sleeping until noon.**

といてわかる

次の (1) から (6) までの (   ) に入れるのに最も適切なものを**1，2，3，4**の中から１つ選びなさい。

(1) *A*: Do you want to (   ) these old clothes, Mom?

　　B: I won't wear them anymore. Let's throw them away.

　　1 perform　　**2** find　　**3** learn　　**4** keep

(2) *A*: I (   ) to be a doctor.

　　B: That sounds great. You need to study hard then.

　　1 entered　　**2** cost　　**3** decided　　**4** lost

(3) Mr. and Mrs. Brown had a baby boy. They (   ) him "Oliver."

　　1 heard　　**2** moved　　**3** carried　　**4** named

(4) *A*: The vegetables in this salad are so fresh.

　　B: Thanks. I (   ) them myself in my garden.

　　1 bought　　**2** grew　　**3** ate　　**4** turned

(5) *A*: Hey, Mike. That's your father's bike.

　　B: Don't (   ). He said I could use it.

　　1 worry　　**2** pay　　**3** need　　**4** save

(6) *A*: Do you think I can do well in the speech contest?

　　B: Of course. You have been (   ) so much.

　　1 practicing　　**2** forgetting　　**3** spending　　**4** reaching

---

ヒント (1) throw away ～ 「～を捨てる」　　　　　　　　答え ▶ 別冊 **p.5**

9 よく出る動詞⑥⑴〜⑧⓪

月 / 日

 よんでわかる

1 ランク⑥⑴〜⑺⓪の動詞

⑥⑴ **borrow** 〜を借りる
⇔lend「〜を貸す」

⑥⑵ **close** 〜を閉じる

⑥⑶ **happen** 起こる

⑥⑷ **break** 〜を壊す
→break-broke-broken

⑥⑸ **change**
〜を変える，変わる

⑥⑹ **invite** 〜を招待する

⑥⑺ **turn** 〜を曲がる，〜を回す

⑥⑻ **excuse** 〜を許す

⑥⑼ **pass**
〜に合格する，〜を手渡す

⑺⓪ **choose** 〜を選ぶ
→choose-chose-chosen

いっしょに覚えよう
⑥⑴ borrowは無償で「借りる」ことを表し，lendは無償で「貸す」ことを表す。

ポイント | ⑥⑺ turn on[off] 〜 「(テレビ・明かりなど)をつける[消す]」
Can you turn on the TV?

2 ランク⑺⑴〜⑧⓪の動詞

⑺⑴ **guess** 〜を推測する

⑺⑵ **save** 〜を救う

⑺⑶ **spend** 〜を使う[費やす]
→spend-spent-spent

⑺⑷ **steal** 〜を盗む
→steal-stole-stolen

⑺⑸ **introduce** 〜を紹介する

⑺⑹ **miss** 〜に乗り遅れる[を逃す]
〜がいなくてさびしく思う

⑺⑺ **perform**
〜を上演する，(〜を)演じる
→名詞はperformance

⑺⑻ **receive** 〜を受け取る

⑺⑼ **wash** 〜を洗う

⑧⓪ **enter** 〜に入る
→名詞はentrance「入り口」

いっしょに覚えよう
⑺⑵ saveには「〜を貯える，〜を節約する」の意味もある。

⑺⑹ missには「〜がいなくてさびしく思う」の意味もある。

ポイント | ⑺⓪ Guess what?で「何だと思う?[ちょっと聞いてよ!]」という意味。
⑺⑵ spend A on B「AをBに費やす」 Mary spends a lot of money on books.

 **といてわかる**

次の (1) から (6) までの ( ) に入れるのに最も適切なものを**1**，**2**，**3**，**4**の中から1つ選びなさい。

(1)　It is raining hard today. So, we decided to (　　　) time at home.

　　　1 lend　**2** sell　**3** draw　**4** spend

(2)　*A*: Jessica, can I (　　　) your fashion magazine?

　　　B: Oh, I lent it to Emily. She'll return it to me tomorrow.

　　　1 tell　**2** wear　**3** show　**4** borrow

(3)　*A*: Have you (　　　) which movie to watch?

　　　B: Yeah. This comedy one looks good.

　　　1 chosen　**2** worked　**3** invented　**4** agreed

(4)　At the beginning of the class, each student was asked to (　　　) themselves in English.

　　　1 pass　**2** listen　**3** guess　**4** introduce

(5)　*A*: What's the matter with you, Brian?

　　　B: I left my smartphone on this table and now it's gone. Someone has (　　　) it.

　　　1 heard　**2** stolen　**3** pulled　**4** learned

(6)　Alice woke up early this morning. She has an important meeting and doesn't want to (　　　) the train.

　　　1 perform　**2** miss　**3** plan　**4** leave

ヒント (1) decide to *do*「〜することを決める」

(5) left<leaveの過去形　ここでは「置き忘れる」の意味。　　答え▶ 別冊 **p.6**

1章

動詞

35

ホントにわかる

確認のテスト②

月　　　　日

次の (1) から (14) までの (　) に入れるのに最も適切なものを**1，2，3，4**の中から1つ選びなさい。

(1)　I (　　　　) some of my clothes to my little brother. They were already too small for me.

　　　1 gave　　**2** grew　　**3** fell　　**4** waited

(2)　*A*: What time do we have to catch the train?

　　　B: At 4:50. So, we have to (　　　　) the house soon.

　　　1 live　　**2** move　　**3** stay　　**4** leave

(3)　*A*: Dad, can you (　　　　) me the salt, please?

　　　B: Sure. Here you are.

　　　1 pass　　**2** send　　**3** contact　　**4** borrow

(4)　Mrs. White (　　　　) roses from her husband every year on her birthday. It is her favorite flower.

　　　1 celebrates　　**2** carries　　**3** receives　　**4** picks

(5)　*A*: Do you still have tickets for today's show?

　　　B: Sorry. We (　　　　) the last one a few minutes ago.

　　　1 sold　　**2** told　　**3** ran　　**4** spoke

(6)　*A*: Oh, I forgot my French dictionary. What should I do?

　　　B: I have one now. You can (　　　　) it.

　　　1 stand　　**2** practice　　**3** need　　**4** use

(7) Diana tried two dresses on and both looked nice on her. She couldn't (　　　) which dress to buy.

 1 wear **2** believe **3** turn **4** decide

(8) My grandmother is a great cook. She always (　　　) everyone with her delicious food.

 1 pleases **2** enjoys **3** spends **4** invites

(9) Harry forgot to (　　　) his wallet in his bag. He left it on his desk at home.

 1 put **2** try **3** finish **4** build

(10) My sister and I (　　　) a volunteer club for students. We cleaned the streets with the other members.

 1 missed **2** collected **3** joined **4** tasted

(11) The museum (　　　) a special event during summer vacation. A lot of children came and enjoyed it

 1 lost **2** paid **3** held **4** stole

(12) *A*: Hey, what (　　　) to your arm?

 B: I jumped down from the tree and broke it.

 1 happened **2** worried **3** closed **4** expected

(13) *A*: Satoshi, I heard you climbed Mt. Fuji. How was it?

 B: Oh, it was much harder than I (　　　).

 1 taught **2** brought **3** began **4** thought

(14) *A*: Do you (　　　) that we met for the first time in this park?

 B: Of course. I could never forget that.

 1 hope **2** want **3** like **4** remember

3級の動詞

★よく出る動詞をもっと学習しよう。

ランク ⑧〜⑩ の動詞

81 excite
〜を興奮させる,
〜をわくわくさせる

82 listen 聞く

83 arrive 到着する

84 believe 〜を信じる

85 carry 〜を運ぶ

86 cost (費用)がかかる

87 pick
〜を選ぶ, 〜をつむ

88 surprise 〜を驚かせる

89 celebrate
〜を祝う

90 feel
(形容詞の前で)に感じる

91 lend 〜を貸す

92 plan 〜を計画する

93 climb (〜に)登る

94 collect 〜を集める

95 cover 〜をおおう

96 die 死ぬ

97 hike ハイキングをする

98 invent 〜を発明する

99 jog ジョギングをする

100 throw 〜を投げる

ランク ⑩⑪〜⑫⑩ の動詞

101 understand
〜を理解する

102 follow
〜に従う, ついて行く

103 graduate 卒業する

104 order 〜を注文する

105 return 〜を返す, 戻す

106 rise (太陽, 月, 星が)
出る, 昇る

107 sign 〜に署名する

108 taste 〜の味がする
This soup tastes great.
(このスープはとてもおいしい。)

109 explain 〜を説明する

110 hurt
〜を傷つける, けがをさせる
I hurt my leg.
(私は足をけがした。)

111 marry 〜と結婚する

112 reach
〜に着く, 〜に届く
I can't reach the book on
the bookshelf.(棚の上の本
に〔手が〕届かない。)

いっしょに覚えよう

移動, 旅行を表す言葉

stay とどまる,滞在する

arrive 到着する

reach
〜に着く, 〜に届く

運動を表す言葉

climb (〜)に登る

hike ハイキングをする

jog ジョギングをする

感覚を表す言葉

hear 〜が聞こえる

feel
(形容詞の前で)に感じる

taste 〜の味がする

smell
〜のにおいがする,
〜のにおいをかぐ

(113) **recycle**
～を再利用する，
～をリサイクルする

(114) **share**
～を共有する，～を分け合う

(115) **smell**
～のにおいがする，～のにおいをかぐ
Dogs can smell well.
（犬はにおいをよくかぐことができる。）

(116) **wake** 目を覚ます

(117) **agree** 同意する

(118) **contact**
～に連絡をとる

(119) **cross**
～を渡る，～を横断する

(120) **cry** 泣く，叫ぶ

ランク (121) ～ (140) の動詞

(121) **design**
～をデザイン[設計]する

(122) **end** ～を終える，終わる

(123) **fall** 落ちる

(124) **fill** ～をいっぱいにする

(125) **injure**
～にけがをさせる，
～を傷つける
＊hurtとほぼ同じ意味。

(126) **kill** ～を殺す

(127) **pull** ～を引く

(128) **rent** （家，土地など）を
（～から）賃借する

(129) **shut** ～を閉じる
＊closeとほぼ同じ意味。

(130) **stand** 立つ

(131) **burn** ～を燃やす，燃える

(132) **continue**
～を続ける，続く

(133) **fight**
～と戦う，けんかをする

(134) **fix** ～を修理する

(135) **mix** ～を混ぜる，混ざる

(136) **protect** ～を保護する

(137) **raise** ～を上げる，
～を育てる

(138) **serve**
～に仕える，
（飲食物）を出す

(139) **answer** ～に答える

(140) **attend** ～に出席する

1章

動詞

いっしょに覚えよう

動作を表す言葉

take ～を取る

close ～を閉じる

throw ～を投げる

pull ～を引く

carry ～を運ぶ

貸し借りを表す言葉

borrow ～を借りる

return ～を返す，戻す

lend ～を貸す

rent
（家，土地など）を（～から）賃借する

会話，伝達を表す言葉

tell ～を伝える

ask ～をたずねる[頼む]

explain ～を説明する

answer ～に答える

10 よく出る形容詞 ①〜⑳

月 / 日

 よんでわかる

1 ランク①〜⑩の形容詞

① **famous** 有名な
② **other** ほかの
③ **next** 次の，隣の
④ **popular** 人気のある

⑤ **special** 特別な
⑥ **free** 自由な，ひまな
⑦ **all** すべての
⑧ **different** 異なった
⇔same「同じ」

⑨ **sure** 確かな，確信して
⑩ **favorite** お気に入りの

いっしょに覚えよう

⑦ every も「すべての」という意味。allは，〈all＋名詞の複数形〉で「すべての〜」の意味だが，everyは〈every＋名詞の単数形〉で「すべての〜［どの〜も］」の意味なる。

ポイント ⑧ A is different from Bで「AはBと異なる」の意味。

2 ランク⑪〜⑳の形容詞

⑪ **beautiful** 美しい
⑫ **late** 遅い
⇔early「早い」
⑬ **most** 大部分の
⑭ **delicious** とてもおいしい

⑮ **interesting** 興味深い
⇔boring「退屈な」
⑯ **difficult** 難しい
⑰ **easy** 簡単な
⇔difficult[hard]
easy　difficult

⑱ **important** 重要な

⑲ **hard** 困難な，熱心な
⑳ **main** 主要な

いっしょに覚えよう

⑫ 時間的な遅さはlateで表し，動作の遅さはslowで表す。

⑮ interestingは「(物が)(人にとって)興味深い[おもしろい]」でinterestedは「(人が)(物に)興味がある」という意味。

ポイント ⑮〜⑲ は〈It is＋形容詞(for 人)＋to do〉「〜することは(人にとって) 〜である」の形でよく使われる。

といて わかる

次の (1) から (6) までの (　) に入れるのに最も適切なものを**1，2，3，4**の中から1つ選びなさい。

(1) That singer is (　　　) with young people. His concert tickets are always sold out.

　　1 enough　　**2** large　　**3** different　　**4** popular

(2) *A*: That café is (　　　) for its doughnuts.

　　B: Let's go there and try one.

　　1 loud　　**2** dangerous　　**3** famous　　**4** afraid

(3) *A*: What is your (　　　) food?

　　B: I like Japanese foods such as sushi and *ramen*.

　　1 favorite　　**2** exciting　　**3** nice　　**4** delicious

(4) *A*: My dog likes to swim. How about your cat?

　　B: (　　　) cats don't like to swim and my cat doesn't, either.

　　1 Another　　**2** Most　　**3** Any　　**4** Other

(5) Mr. Jones is a (　　　) worker. He always comes home late at night.

　　1 full　　**2** hard　　**3** glad　　**4** less

(6) *A*: Are you (　　　) next Saturday?

　　B: Yes. Do you want to go to the park and play basketball?

　　1 natural　　**2** useful　　**3** strange　　**4** free

ヒント (1) sell out「売り切れる」　(3) such as ～ 「～のような」

　　　(4) either「～もまた…ない」　　　　　　　　　　　　　答え ▶ 別冊 **p.7**

41

11 よく出る形容詞 ㉑～㊵

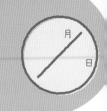

📖 よんでわかる

1 ランク㉑～㉚の形容詞

㉑ **busy** 忙しい
⇔free「ひまな」

㉒ **cheap** 安い

㉓ **expensive** 高価な

㉔ **own** 自分自身の

㉕ **professional**
プロの，専門的な

㉖ **same** 同じ，同様な
⇔different「異なった」

㉗ **glad** うれしく思う

㉘ **little** 小さな，少しの

㉙ **poor** 貧しい，かわいそうな
⇔rich「金持ちの」

㉚ **sad** 悲しい
⇔happy「うれしい」

いっしょに覚えよう

㉒ **cheap**には単に「値段が安い」という意味のほかに，状況によっては「安っぽい」「質が悪い」というニュアンスを含むときがある。

ポイント ㉔ 自らのものであることを強調する意味で，**my own**「自分自身の」や **your own**「あなた自身の」の形で使う。

2 ランク㉛～㊵の形容詞

㉛ **such** そのような

㉜ **angry** 怒っている

㉝ **ready** 準備ができて

㉞ **few** ほとんどない

㉟ **sick** 病気の

㊱ **traditional** 伝統的な

㊲ **afraid** 恐れる，怖い

㊳ **another** もう1つの，別の

㊴ **each** それぞれの

㊵ **exciting** わくわくさせる

いっしょに覚えよう

㊳ **other**は「ほかの」の意味。
anotherは，**an＋other**が1語になったもの。

ポイント
㊴ fewは**a few ～**で「2，3の～」，**few ～**で「ほとんど～ない」の形で使われる。
㊲ I'm afraid ～「残念ながら～だと思う」 I'm afraid I can't come.
㊴ each other「お互いに」 Alex and Sally know each other.

 **といてわかる**

次の (1) から (6) までの（　）に入れるのに最も適切なものを**1，2，3，4**の中から1つ選びなさい。

(1) *A*: The pancakes at this restaurant are so good.

    B: Yeah. Let's order (　　　) one.

    1 other   **2** another   **3** all   **4** some

(2) Mike's father is a famous (　　　) baseball player. Mike is very proud of him.

    1 professional   **2** comfortable   **3** interested   **4** public

(3) *A*: Can I come into this store with my dog?

    B: I'm (　　　) pets are not allowed in here.

    1 sick   **2** rich   **3** fine   **4** afraid

(4) *A*: Happy birthday, Ivy. This is a present for you.

    B: Thank you, Kevin. I'm (　　　) to have a good friend like you.

    1 kind   **2** glad   **3** strong   **4** careful

(5) *A*: Have you ever worn a *kimono*?

    B: Yes, I have. I love Japanese (　　　) culture.

    1 absent   **2** plastic   **3** central   **4** traditional

(6) *A*: I've finished all the math problems.

    B: Me, too. Let's check (　　　) other's answers.

    1 own   **2** each   **3** any   **4** such

ヒント (3) allow「〜を許可する」　　　　　　　　　　　　　　　　　　答え ▶ 別冊 p.7 〜 8

1章 形容詞・副詞・接続詞・前置詞・代名詞

12 よく出る副詞①〜⑳

よんでわかる

1 ランク①〜⑩の副詞

① **also** 〜もまた

② **just** ちょうど，〜だけ

③ **often** よく，しばしば

④ **still** まだ，今もなお

⑤ **together** いっしょに

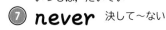

⑥ **usually** いつもは，たいてい

⑦ **never** 決して〜ない

⑧ **later** あとで

⑨ **before** 以前に，前に
⇔after「〜のあとに」

⑩ **first** 最初に，まず第一に

> **いっしょに覚えよう**
> ④ **still**は「まだ〜している」，
> **yet**は「まだ〜していない」の
> 意味で使われることが多い。

> **ポイント** ② just，⑦ neverは現在完了の文でよく使われる。
> I have just arrived at the airport.／I've never been to Hokkaido.

2 ランク⑪〜⑳の副詞

⑪ **however** どんなに〜でも

⑫ **yet** (否定文で)まだ(〜ない)，
(疑問文で)もう

⑬ **maybe** たぶん

⑭ **already** すでに

⑮ **sometimes** ときどき

⑯ **early** 早く

⑰ **hard** 熱心に，激しく

⑱ **instead** 代わりに

⑲ **ever** これまでに，かつて

⑳ **almost** ほとんど

> **いっしょに覚えよう**
> ⑬ **maybe**は確信の度合いが5割
> 程度のときに使い，8割程度
> 以上は**probably**「おそらく」を
> 使うことが多い。

> **ポイント** ⑫ yet，⑲ everは現在完了の文でよく使われる。 I haven't read this
> book yet. Have you eaten your lunch yet?／Have you ever tried
> this fruit?

　次の (1) から (6) までの（　）に入れるのに最も適切なものを**1，2，3，4**の中から１つ選びなさい。

(1)　Tracy usually eats rice for breakfast. But this morning she had bread
　　（　　　）.

　　　1 over　　**2** most　　**3** both　　**4** instead

(2)　*A*: Mike, can you help me cook dinner?
　　B: Sure. But let me finish cleaning my room (　　　).

　　　1 first　　**2** anytime　　**3** already　　**4** always

(3)　Mr. Green came to the office (　　　) this morning. He has a lot of
　　work to do today.

　　　1 away　　**2** hard　　**3** about　　**4** early

(4)　*A*: My elder brother (　　　) teaches me math.
　　B: That's nice. I want to have a brother like yours. Then I could solve
　　　　difficult math problems.

　　　1 yet　　**2** never　　**3** often　　**4** however

(5)　*A*: Hi, Brian. Sorry, I'm going to get on the bus now. Can I call you
　　　　back (　　　)?
　　B: Sure.

　　　1 later　　**2** forward　　**3** down　　**4** before

(6)　*A*: Is Tom (　　　) sleeping?
　　B: Yes. He is tired from practicing soccer all day yesterday.

　　　1 long　　**2** slowly　　**3** still　　**4** tonight

ヒント (4) solve「〜を解く」　　(5) call back「折り返し電話をする」　　　　答え ▶ 別冊 **p.8**

13 よく出る接続詞・前置詞・代名詞①〜⑳

月 / 日

📖 よんでわかる

1 ランク①〜⑩の接続詞・前置詞・代名詞

① **during** 前 〜の間(中)
② **until** 前 〜まで
③ **so** 接 それで，だから
④ **while** 接 〜している間に
⑤ **between** 前 〜の間に[で]

⑥ **without** 前 〜なしで
⑦ **anything** 代 (疑問文で)何か，(否定文で)何も(〜ない)
⑧ **something** 代 何か
⑨ **through** 前 〜を通りぬけて

⑩ **inside** 前 〜の内(側)に[で，へ]
⇔outside

inside / outside

> いっしょに覚えよう
>
> ② **until**は「その期間・時間までずっと何かをし続けている状態」を表す。**till**「〜まで」も同じ意味の前置詞。

> **ポイント**
> ⑧〈something＋形容詞〉の語順になる。しばしば**to**不定詞の形容詞的用法といっしょに用いられる。
> Let's drink something hot.／I want something to eat.

2 ランク⑪〜⑳の接続詞・前置詞・代名詞

⑪ **behind** 前 〜の後ろに
⑫ **either** 代 〜か…のどちらか
⑬ **everything** 代 すべてのもの
⑭ **beside** 前 〜のそばに，〜の横に
⑮ **once** 接 いったん〜すると

⑯ **along** 前 〜に沿って
⑰ **above** 前 〜の上に
⑱ **across** 前 〜を横切って

⑲ **although** 接 〜ではあるが

⑳ **among** 前 〜の間に[で]，〜の中に[で]

> いっしょに覚えよう
>
> ⑲ **though**「〜だけれども」も同じ意味の接続詞。
>
> ⑳ **among**は3つ以上のもの「の間に」という意味で，**between**は2つのもの「の間に」という意味。

> **ポイント**
> ⑫ either A or B「AかBかどちらか」I want to go to either Italy or Spain.

といてわかる

次の (1) から (6) までの ( ) に入れるのに最も適切なものを**1，2，3，4**の中から 1 つ選びなさい。

(1) *A*: We need more exercise.

    B: I agree. Let's walk ( ) the river to the next town.

      1 onto   **2** except   **3** with   **4** along

(2) Fred joined a camp program this summer. He was the youngest ( ) the members.

      1 into   **2** over   **3** among   **4** between

(3) ( ) the weather was not very good, everyone was able to climb to the top of the mountain.

      1 Although   **2** Until   **3** If   **4** So

(4) *A*: Are you sure you packed ( ) you need in your bag?

    B: I think so. I have checked it twice.

      1 everything   **2** nothing   **3** some   **4** other

(5) *A*: What do you want to eat for lunch, Eri?

    B: I'd like to eat ( ) Indian or Mexican food.

      1 both   **2** either   **3** above   **4** till

(6) Both my sister and brother wanted me to sit next to them. That's why I was sitting ( ) them.

      1 about   **2** between   **3** from   **4** during

次の (1) から (14) までの (　) に入れるのに最も適切なものを**1，2，3，4**の中から１つ選びなさい。

(1)　*A*: When is this store open?

　　B: It's open from ten to eight, Monday (　　　) Friday.

　　　1 until　　**2** along　　**3** through　　**4** during

(2)　The math test wasn't so (　　　). That's why most of the students in the class got good scores.

　　　1 usual　　**2** different　　**3** easy　　**4** difficult

(3)　*A*: Do you know where Tom is?

　　B: I'm not sure, but (　　　) he's in the library now.

　　　1 anyway　　**2** maybe　　**3** almost　　**4** someday

(4)　*A*: Dad, I want to have my (　　　) computer.

　　B: If you win the next tennis tournament, I'll buy one for you.

　　　1 each　　**2** ready　　**3** own　　**4** busy

(5)　*A*: Have you (　　　) played this game? It's really interesting.

　　B: No, I haven't. I want to try it.

　　　1 instead　　**2** yet　　**3** ever　　**4** else

(6)　Keiko forgot her English dictionary at school. She couldn't do her English homework (　　　) it.

　　　1 behind　　**2** above　　**3** without　　**4** over

(7) A: Sorry, Nick. I can't go shopping with you tomorrow.

B: That's OK. We can go together (　　　) day.

   1 that   **2** another   **3** such   **4** late

(8) A: Ben, do you speak a foreign language?

B: I speak a (　　　) Spanish, but it's not as good as your English, Haruto.

   1 few   **2** little   **3** much   **4** more

(9) A: What time do you get up every morning?

B: I usually get up at 6:00 but (　　　) at 7:00.

   1 sometimes   **2** already   **3** often   **4** always

(10) A: What would you like to drink?

B: Can I have (　　　) cold? It's really hot today.

   1 something   **2** any   **3** some   **4** both

(11) Mr. Mayer checks the world news every day. He believes it is (　　　) to know what is happening in other countries.

   1 interested   **2** favorite   **3** foreign   **4** important

(12) A: Don't swim in the river with your friends, OK?

B: I won't, Dad. I know it's (　　　).

   1 afraid   **2** cheap   **3** nervous   **4** dangerous

(13) Meg saw a nice jacket at a department store. But it was too (　　　) for her to buy.

   1 excited   **2** expensive   **3** bright   **4** true

(14) My friend Luke went to the festival yesterday. I was (　　　) there, but we didn't see each other.

   1 either   **2** sometimes   **3** also   **4** together

答え ▶ 別冊 p.9 ～ 10

3級の形容詞，副詞，接続詞・前置詞・代名詞

★よく出るその他の品詞をもっと学習しよう。

ランク 41～70 の形容詞

41 **outside** 外の，外側の

42 **strong** 強い，じょうぶな

43 **dangerous** 危険な

44 **nervous** 緊張した

45 **early** 早い

46 **enough** 十分な

47 **heavy** 重い，激しい

48 **hungry** 空腹の

49 **interested** 興味をもった

50 **true** 本当の，真実の

51 **cute** かわいい，きれいな

52 **fine** 元気な，申し分ない

53 **full** いっぱいの，満腹で

54 **funny** おかしい，こっけいな

55 **rich** 金持ちの，裕福な

56 **silent** 静かな，無言の

57 **tired** 疲れた

58 **wet** ぬれた

59 **dark** 暗い

60 **dirty** よごれた，汚い

61 **national** 国民の，国立の，国家の
national museum（国立博物館）

62 **native** 原産の，ある土地生まれの

63 **quick** 急速な，すばやい

64 **real** 本当の，現実の

65 **wild** 野生の
wild animal（野生動物）

66 **wrong** 間違った，不正な

67 **boring** 退屈な

68 **bright** 明るい，輝く

69 **clean** きれいな，清潔な

70 **deep** 深い

deep

いっしょに覚えよう

人の感情を表す言葉 形

glad うれしく思う

sad 悲しい

angry 怒っている

状態，性質を表す言葉 形

famous 有名な

popular 人気のある

interesting おもしろい

difficult 難しい

easy 簡単な

important 重要な

cheap 安い

expensive 高価な

boring 退屈な

ランク㉑〜㊵の副詞

㉑ else そのほかに
Anything else?
（そのほかに何か？）

㉒ even 〜でさえ

㉓ someday
いつか，そのうち

㉔ tonight 今夜(は)

㉕ anytime いつでも

㉖ everywhere
いたるところに，どこでも

㉗ finally ついに，最後に

㉘ alone 1人で

㉙ certainly 確かに
質問，依頼への返答として「もちろん」「承知しました」などの意味でも使われる。
A coffee, please.
（コーヒーをください。）
― Certainly.
（かしこまりました。）

㉚ cheaply 安く，安価に

㉛ each それぞれ(に)，1人[1個]につき
These apples cost one dollar each. （これらのリンゴは1個[それぞれ]1ドルだ。）

㉜ sincerely 敬具
手紙の結びの言葉として使われる。

㉝ abroad 海外で[に]
×I want to go <u>to</u> abroad.
OI want to go abroad.
（私は海外に行きたいです。）
＊動詞（ここではgo）を修飾する副詞なので，間に前置詞は入れない。

㉞ easily 簡単に，容易に

㉟ pretty とても，かなり

㊱ straight まっすぐに
Go straight this way.
（この道をまっすぐ行ってください。）

㊲ actually 実は，実際に
Actually, I don't know.
（実は，私は知りません。）

㊳ anyway
とにかく，いずれにしても

㊴ anywhere
（疑問文で）どこかへ[に]
（否定文で）どこへ[に]も（〜ない）
（肯定文で）どこへ[に]でも
Did you go anywhere yesterday?
（昨日どこかへ行きましたか。）
I can't go anywhere now.
（今はどこへも行けません。）
I can go anywhere tonight.
（今晩はどこへでも行けます。）

㊵ around
〜の周りに，〜のあちこちを

ランク㉑〜㉓のその他の語

㉑ anyone 代
（疑問文で）だれか
（否定文で）だれも（〜ない）
（肯定文で）だれでも

㉒ below 前 〜より下に

㉓ someone 代
だれか，ある人

〉 いっしょに覚えよう 〈

量を表す言葉 形
all すべての
most 最も多くの，ほとんどの
little 小さな，少し
few
(a few 〜で)2, 3の〜
(few 〜で)ほとんど〜ない
enough 十分な

時を表す言葉 副
later あとで
before 以前に，先に
early 早く
someday いつか，そのうち
tonight 今夜(は)

場所を表す言葉 前
between 〜の間に
behind 〜の後ろに
beside 〜のそばに
above 〜の上に
below 〜より下に

14 よく出る熟語①〜⑩

📖 **よんでわかる**

1 ランク①〜⑤の熟語

① **a kind of（〜）**
一種の〜，〜のようなもの

② **talk to 〜**
〜と話をする，〜に話しかける

③ **because of 〜**
〜の理由で，〜のために

④ **look for 〜**
〜を探す

⑤ **thank A for 〜**
Aに〜を感謝する

(Thank you!)

いっしょに覚えよう

②
・talk to 〜
「〜と話をする」
・talk about 〜
「〜について話をする」

toのあとには「人」，aboutのあとには「話す内容」が来るよ。同じ「話す」でも，tellは〈tell＋人〉で「(人)に話す」の意味になるよ。

2 ランク⑥〜⑩の熟語

⑥ **get to 〜**
（get to ＋場所で）〜に到着する

⑦ **get married**
結婚する

⑧ **look forward to doing[A]**
〜すること[A]を楽しみに待つ[する]

⑨ **too ... to do**
あまりに…なので〜できない

⑩ **come back（to 〜）**
（〜に)戻る

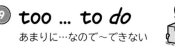

いっしょに覚えよう

⑥
「〜に到着する」
・arrive at＋場所
・reach＋場所

arriveは前置詞atが必要だけど，reachはすぐ後ろに「(到着する)場所」を表す単語を置くよ。
I reached the station.
（私は駅に着いた。）

といてわかる

次の (1) から (6) までの (　) に入れるのに最も適切なものを1，2，3，4の中から1つ選びなさい。

(1)　*A*: I'm looking (　　　　) to the Halloween party next week.

　　B: Sounds exciting! I want to join it, too.

　　　1 along　　**2** behind　　**3** forward　　**4** above

(2)　My sister got (　　　　) last month and left home. I miss her very much.

　　　1 marry　　**2** married　　**3** marring　　**4** marriage

(3)　*A*: This soup is too hot (　　　　), Mom.

　　B: Why don't you eat your potato salad first, then.

　　　1 eat　　**2** eating　　**3** eaten　　**4** to eat

(4)　*A*: Are you (　　　　) for something?

　　B: Yes, do you know where my house key is? I can't find it.

　　　1 seeing　　**2** looking　　**3** watching　　**4** finding

(5)　*A*: What kind (　　　　) books do you often read?

　　B: I love to read mystery novels.

　　　1 about　　**2** with　　**3** in　　**4** of

(6)　We didn't have any tennis matches last Sunday (　　　　) of the heavy rain.

　　　1 because　　**2** although　　**3** unless　　**4** since

15 よく出る熟語⑪〜⑳

月 / 日

📖 よんでわかる

1 ランク⑪〜⑮の熟語

⑪ **look at 〜**
〜を見る

⑫ **take part in 〜**
〜に参加する

⑬ **all over 〜**
〜のいたるところに[で]

⑭ **go out**
出かける

⑮ **help A with B**
AのBを助ける[手伝う]

> いっしょに覚えよう
>
> ⑮「Aが〜するのを助ける」
> ・help A *do*

> I helped my mother wash the dishes.
> （私は母が食器を洗うのを手伝った。）
> という言い方もあるんだね！

2 ランク⑯〜⑳の熟語

⑯ **worry about 〜**
〜のことを心配する

⑰ **find out 〜**
〜を知る，〜を発見する

⑱ **for free**
無料で

⑲ **grow up**
成長する，大人になる

⑳ **not 〜 at all**
まったく〜ない

> いっしょに覚えよう
>
> ⑯「〜のことを心配する」
> ・worry about 〜
> ・be worried about 〜
> 「心配しないで。」
> ・Don't worry.

> worry about 〜 は「常に心配している」，be worried about 〜 は「一時的に心配している」というニュアンスのちがいがあるよ！

といてわかる

次の (1) から (6) までの（　）に入れるのに最も適切なものを**1**，**2**，**3**，**4**の中から1つ選びなさい。

(1) *A*: Did you know that Mary moved to New York?
B: No. I didn't know that at (　　　).
1 each　**2** every　**3** all　**4** much

(2) Chris found (　　　) that his wallet was stolen.
1 after　**2** in　**3** out　**4** above

(3) Jason studies science very hard. His father is a famous scientist and he wants to be like him when he grows (　　　).
1 in　**2** up　**3** at　**4** for

(4) It was a sunny spring day, and there were many kinds of flowers all (　　　) the park.
1 outside　**2** over　**3** out　**4** off

(5) *A*: What are you worrying (　　　)?
B: I'm not sure if I can pass the exam.
1 around　**2** into　**3** about　**4** up

(6) If you buy one pair of these pants, you can get another pair (　　　) free.
1 as　**2** by　**3** to　**4** for

ヒント (5) pass ～「～に合格する」

答え▶別冊 **p.10**

16 よく出る熟語㉑〜㉚

月 / 日

📖 よんでわかる

1 ランク㉑〜㉕の熟語

㉑ **be afraid of 〜**
〜を恐れる，〜を怖がる

㉒ **for the first time**
初めて

㉓ **most of 〜**
〜のほとんど
Yes　No

㉔ **as 〜 as possible**
できるだけ〜

㉕ **do one's best**
最善を尽くす

いっしょに覚えよう

㉓
・most 〜「ほとんどの〜」
「（一般的に，世間一般に）
ほとんどの」という意味
合いで使う。
・most of 〜「〜のほとんど」
「特定された中で」の「ほ
とんど」という意味。

・Most children like candies.
「ほとんどの子どもはあめが好きだ。」
・Most of the children in my class
like candies. 「私のクラスのほとん
どの子どもはあめが好きだ。」のよう
に使うんだね！

2 ランク㉖〜㉚の熟語

㉖ **take care of 〜**
〜の世話をする

㉗ **as usual**
いつものように

㉘ **be full of 〜**
〜でいっぱいである

㉙ **give up (doing[A])**
（〜すること[A]を）あきらめる

㉚ **in fact**
実は，実際に

いっしょに覚えよう

㉖
「〜の世話をする」
・take care of 〜
・look after 〜

「〜の世話をする」には上のように2つの
言い方があるよ。 look after 〜は「習
慣的（日常的）に世話をする」という意味
だよ。take care of 〜は「習慣的に世
話をする」という意味のほかに「一定の間
（一時的に），世話をする」という意味が
あるよ！

次の (1) から (6) までの（　）に入れるのに最も適切なものを**1，2，3，4**の中から1つ選びなさい。

(1) A: I'm going to visit my grandparents for a week. Will you (　　　) care of my rabbit, Ivy?

B: Sure. No problem.

1 look **2** give **3** take **4** help

(2) Eric loves to cook. (　　　) fact, he cooks dinner for his family every weekend.

1 For **2** On **3** In **4** By

(3) A: Did you go to the gym yesterday?

B: Yes, I did. But it was (　　　) of people, so I came back home right away.

1 full **2** high **3** many **4** thick

(4) A: I don't want to go to swimming class today, Mom.

B: You can rest sometimes, but if you never (　　　) up, your dream of becoming a professional swimmer will come true.

1 look **2** save **3** make **4** give

(5) My sister is looking forward to visiting the mountain this winter. She will try skiing there (　　　) the first time.

1 before **2** within **3** for **4** to

(6) My grandfather is a fisherman and lives on an island. And most (　　　) the people living around him are also fishermen.

1 for **2** by **3** on **4** of

ホントにわかる

確認のテスト④

月　　　　日

次の (1) から (14) までの（　）に入れるのに最も適切なものを**1，2，3，4**の中から１つ選びなさい。

(1) *A*: What time will you come (　　　)?

　　 B: I'll be home late tonight, so don't wait for me for dinner.

　　　 1 already　　**2** away　　**3** ever　　**4** back

(2) Many high school students took (　　　) in a volunteer activity in this town. They spent almost a full day there.

　　　 1 way　　**2** front　　**3** hand　　**4** part

(3) These headphones are very popular. So you should buy them as (　　　) as possible.

　　　 1 sure　　**2** soon　　**3** hard　　**4** long

(4) *A*: This bag is (　　　) small to put my textbooks in.

　　 B: I'll lend you mine. It's big enough to put them in.

　　　 1 too　　**2** almost　　**3** just　　**4** over

(5) Laura is looking (　　　) a job at a restaurant, because she wants to become a chef in the future.

　　　 1 like　　**2** by　　**3** off　　**4** for

(6) *A*: I'm looking (　　　) to going to the concert next month.

　　 B: Me, too! We were lucky to get the tickets.

　　　 1 forward　　**2** along　　**3** for　　**4** above

58

(7) *A*: Are you ready for the dance competition?

B: Yes. I'll (   ) my best to win it.

    1 need   **2** join   **3** move   **4** do

(8) Mr. Wilson is the president of a company and he has a great staff. He never forgets to thank them (   ) their hard work.

    1 for   **2** in   **3** at   **4** by

(9) Haruto's dream is to travel (   ) over the world. He is doing a part time job to save money for it.

    1 most   **2** every   **3** whole   **4** all

(10) We couldn't go out because (   ) the bad weather. We watched a DVD at home instead.

    1 as   **2** of   **3** to   **4** on

(11) A: Doctor, should I stay in bed all day today?

B: No. You're fine now. So you can act (   ) usual.

    1 ever   **2** as   **3** by   **4** on

(12) A: Shall I help you (   ) your suitcase?

B: Thank you. Could you bring it to the elevator?

    1 with   **2** by   **3** at   **4** out

(13) A: Excuse me, how can I (   ) to the city hall from here?

B: Go straight and turn right at the first corner.

    1 leave   **2** find   **3** get   **4** come

(14) I was (   ) of water as a child. So my mother let me start to take swimming lessons at the age of four.

    1 deep   **2** strong   **3** dangerous   **4** afraid

答え ▶ 別冊 **p.11**

1
章

熟
語

3級の熟語

★よく出る熟語をもっと学習しよう。

ランク ③①〜⑤⓪ の熟語

③① **write back** 返事を書く

③② **far away (from 〜)** 〜から遠く離れて

③③ **learn to do** 〜できるようになる

③④ **on weekends** 週末に

③⑤ **so (that) S can [will, may]** Sが〜できる[する]ように

③⑥ **try to do** 〜しようと試みる

③⑦ **a few 〜** 少しの〜，少量の〜

③⑧ **at first** 最初は

③⑨ **at home** 在宅して，家庭で

④⓪ **go with 〜** 〜といっしょに行く，〜とつき合う

④① **such as 〜** 〜のような

④② **tell A to do** Aに〜しなさいと言う

④③ **arrive in [at, on] 〜** 〜に到着する

④④ **bring A to B** AをBへ持ってくる

④⑤ **go back (to 〜)** (〜に)戻る

④⑥ **have lunch** 昼食をとる

④⑦ **look like 〜** 〜のように見える

④⑧ **the first time 〜** 初めて〜

④⑨ **ask A to do** Aに〜するように頼む

⑤⓪ **do well** 成功する

ランク ⑤①〜⑦⓪ の熟語

⑤① **each other** お互い

⑤② **forget to do** 〜するのを忘れる

⑤③ **go shopping** 買い物に行く

⑤④ **hope to do** 〜することを望む

⑤⑤ **listen to 〜** 〜を聞く，〜に耳を傾ける

⑤⑥ **millions of 〜** 〜何百万もの

いっしょに覚えよう

動詞を中心とする熟語

look for 〜 〜を探す

look forward to doing[A] 〜すること[A]を楽しみに待つ[する]

find out 〜 〜を知る，〜を発見する

grow up 大人になる，成長する

listen to 〜 〜を聞く，〜に耳を傾ける

run away 逃げる，走り去る

形容詞・副詞を中心とする熟語

all over (〜) (〜の)いたるところに[で](副詞)

far away (from 〜) 〜から遠く離れて(副詞)

for free 無料で(形容詞)

be afraid of 〜 〜を恐れる[怖がる]，〜を心配している(形容詞)

as soon as 〜 〜するやいなや(形容詞)

as usual いつものように(形容詞)

57 **take ~ to _do_**　～するのに（時間）がかかる

58 **think of ~**　～のことを考える

59 **far from ~**　～から遠い

60 **get up**　起きる，起床する

61 **have a party**　パーティーを開く

62 **next to ~**　（場所・位置が）～の次の[に]

63 **on time**　～時間どおりに[で]

64 **pay for ~**　～の代金を支払う

65 **plan to _do_**　～するつもりだ

66 **run away**　逃げる，走り去る

67 **show A how to _do_**　Aに～の方法を教える

68 **sound like ~**　～のように聞こえる[思える]

69 **speak to ~**　～に話しかける

70 **such a[an] ~**　そんなに～，これほどの～

ランク 71 ～ 90 の熟語

71 **take a trip**　旅行する

72 **these days**　近ごろは，このごろは

73 **thousands of ~**　何千もの～

74 **as soon as ~**　～するやいなや

75 **both A and B**　AもBも両方

76 **clean up**　～をすっかりきれいにそうじする

77 **get angry**　怒る

78 **get home**　帰宅する

79 **graduate from ~**　～を卒業する

80 **have a great[good] time**　すばらしい[楽しい]時を過ごす

81 **put on ~**　～を着る

82 **thanks to ~**　～のおかげで

83 **try on ~**　～を試着する

84 **wake up**　起きる，目が覚める

85 **at last**　ついに，とうとう

86 **at the beginning of ~**　～の初めに

87 **be different from ~**　～と違う，～と異なる

88 **be made of ~**　～製の，～でできている

89 **be sold out**　売り切れる

90 **be tired of doing[A] ~**　～すること[A]に飽きる

> いっしょに覚えよう

名詞を中心とする熟語

take part in ~　～に参加する

for the first time　初めて

do _one's_ best　最善を尽くす

take a trip　旅行する

take care of ~　～の世話をする

前置詞の働きをする熟語

because of ~　～の理由で

such as ~　～のような

thanks to ~　～のおかげで

17 受け身の文

 よんでわかる

1 受け身の文は〈be動詞＋過去分詞〉で表す！

✔ 受け身の文は「～される」「～された」を表す

This room <u>was cleaned</u>. （この部屋はそうじされました。）
　　　　　　be動詞　　過去分詞

✔ だれに「～される」のかは，〈by＋人〉で表す

This room was cleaned by Sara. （この部屋はサラにそうじされました。）

byのあとに代名詞がくるときは，「～に[を]」の形(himやherなど)にするよ。

✔ 過去や未来はbe動詞で表す

過去 **This picture <u>was</u> drawn by David.**

（この絵はデイビッドによって描かれました。）

未来 **This car <u>will be</u> bought by him.**

（この車は彼に買われるでしょう。）

2 受け身の否定文・疑問文

✔ 受け身の否定文は，be動詞のあとにnotを入れるだけ！

This bike is <u>not</u>[is<u>n't</u>] used by Tom.

（この自転車はトムに使われていません。）

✔ 受け身の疑問文は，be動詞だけを前に出す！

<u>Is</u> this cat <u>loved</u> by everyone?

（このネコはみんなに愛されていますか。）

Yes, it is. / No, it isn't.

答えるときは，主語に合わせたbe動詞を使うよ！

（はい，愛されています。）（いいえ，愛されていません。）

といてわかる

次の (1) から (5) までの (　) に入れるのに最も適切なものを**1, 2, 3, 4**の中から1つ選びなさい。 (6) は日本語の意味を表すように並べかえなさい。

(1) My father likes a painter named Jacob Carton. All the paintings in my house were (　　　) by him.

    1 paint   **2** painted   **3** painting   **4** to paint

(2) Tina's hair was beautifully (　　　) by her mother. She works as a hairdresser.

    1 cut   **2** cuts   **3** cutting   **4** to cut

(3) *A*: Are all these flowers (　　　) care of by your mother?

   B: Yes, they are. She waters them every day.

    1 take   **2** took   **3** taken   **4** taking

(4) This violin isn't (　　　) by Lisa anymore. Her little sister Amy is using it now.

    1 use   **2** uses   **3** used   **4** using

(5) Our new house (　　　) built next year. We are looking forward to living in it.

    1 be   **2** was   **3** will be   **4** is

(6) ダンスコンテストについての情報は学校のホワイトボードに書かれていました。

   (① on   ② written   ③ the white board   ④ the dance contest

   ⑤ was   ⑥ about)

   The information ☐☐☐☐☐☐

   at school.

ヒント (2) hairdresser「美容師」　　(3) take care of ～「～の世話をする」　　答え▶ 別冊 **p.11 ～ 12**

18 現在分詞・過去分詞

 よんでわかる

1 現在分詞：「〜している人［もの］」と説明する！

✓ 現在分詞〈動詞のing形〉で「〜している」の意味

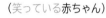 1語なら名詞の前から

a <u>smiling</u> baby

（笑っている赤ちゃん）

She looked at her <u>smiling</u> baby.

（彼女は自分の笑っている赤ちゃんを見ました。）

1語なら前からで，修飾する語が2語以上なら後ろから！

2語以上のときは名詞の後ろから

a baby <u>sleeping in the bed</u>

（ベッドの中で眠っている赤ちゃん）

この人
↓

Mike is the boy <u>playing the guitar</u>.

（マイクはギターをひいている男の子です。）

2 過去分詞：「〜された［される］人［もの］」と説明する！

✓ 過去分詞「〜された［される］」の意味

受け身で使った過去分詞だ！ だから「〜された［される］」なんだね。

1語なら名詞の前から

a <u>broken</u> window

（壊された［壊れた］窓）

2語以上のときは名詞の後ろから

a book <u>written by Natsume Soseki</u>

（夏目漱石によって書かれた本）

I want a bag <u>made in France</u>.

（私はフランスで作られたかばんがほしいです。）

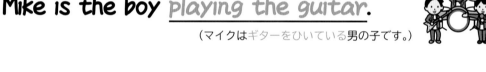

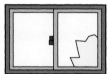

次の (1) から (5) までの (　　) に入れるのに最も適切なものを**1，2，3，4**の中から１つ選びなさい。 (6) は日本語の意味を表すように並べかえなさい。

(1) *A*: Do you know the boy (　　　　) basketball over there?

　　B: I can't see him well from here.

　　　1 play　　**2** playing　　**3** played　　**4** plays

(2) The pictures (　　　　) by Anna won an award in a contest. She wants to be a photographer in the future.

　　　1 taking　　**2** took　　**3** taken　　**4** take

(3) *A*: We have to buy a new bed.

　　B: But first of all, we must throw away this (　　　　) bed.

　　　1 broke　　**2** broken　　**3** break　　**4** breaking

(4) Mia read a novel (　　　　) by a famous writer. It was too difficult for her to understand.

　　　1 written　　**2** write　　**3** writing　　**4** wrote

(5) There was a (　　　　) boy in the park. He was sad because he dropped his ice cream.

　　　1 cried　　**2** crying　　**3** cry　　**4** cries

(6) サリーのパーティーに呼ばれた人々はみな，韓国のポップ・ミュージックが大好きな人たちでした。

　　(① Sally's party　② to　③ were　④ invited　⑤ the people　⑥ of)

　　All ☐　☐　☐　☐　☐　☐ Korean pop music lovers.

19 間接疑問文・付加疑問文

📖 よんでわかる

1 間接疑問文：疑問文が文の目的語になる！

✔「どこに〜するか」

<u>I</u> <u>know</u> where he lives.
主語　動詞　　　　　　　目的語
（私は彼がどこに住んでいるか知っています。）

✔「いつ〜するか」（否定文）

I <u>don't know</u> when she has her piano lesson.
　　　　　　　　　　　　主語　　動詞
（彼女がいつピアノのレッスンがあるか知りません。）

✔「何を[が] 〜（する）か」（疑問文）

Do you know what he likes?
（彼が何を好きか知っていますか。）　　主語　動詞

✔「どう〜か，どうやって〜するか」

Please tell me how the weather is.
（天気はどうか教えてください。）　　　　　主語　　　　動詞

> **いっしょに覚えよう**
> 〈疑問詞＋主語＋動詞〉の語順に注意！
> Where <u>does he live</u>?
> ⬇
> I know where <u>he lives</u>.
> 　　　　　疑問詞 主語 動詞
> 動詞の形に注意！

> 疑問文が，文の中に入った形を「間接疑問文」というんだよ。

2 付加疑問文：平叙文＋〈(助)動詞＋主語〉？

✔ 肯定文＋否定の付加疑問文「〜ですよね」

You are tired, <u>aren't you</u>?
（お疲れですよね。）

✔ 否定文＋肯定の付加疑問文「〜ではないですよね」

Jim doesn't like tomatoes, <u>does he</u>?
（トムはトマトが好きではないですよね。）

> **いっしょに覚えよう**
> 付加疑問文の文末は必ず代名詞（I, you, he, she, it, we, they）を用いる。

66

次の (1) から (5) までの (　) に入れるのに最も適切なものを**1，2，3，4**の中から 1 つ選びなさい。(6) は日本語の意味を表すように並べかえなさい。

(1) *A*: Do you know (　　　) my racket is?

　　 B: Oh, yes. I saw it under the bench at the tennis court.

　　　1 why　　**2** where　　**3** when　　**4** how

(2) *A*: You haven't been to France, (　　　) you?

　　 B: Actually, I have. I went there last summer, and it was a great trip!

　　　1 did　　**2** didn't　　**3** have　　**4** haven't

(3) I didn't understand (　　　) Mr. Adams said in class. So, I asked him a question after class.

　　　1 what　　**2** which　　**3** where　　**4** whose

(4) *A*: Alex will be here soon, (　　　) he?

　　 B: I've just got a call from him. He said he'll be late.

　　　1 hasn't　　**2** isn't　　**3** doesn't　　**4** won't

(5) *A*: Colin and Lilia live in the same apartment, don't (　　　)?

　　 B: You're right. They share a room.

　　　1 we　　**2** they　　**3** them　　**4** you

(6) あなたがどうやってこのケーキを作ったか教えてください。

　　 (① how　　② tell　　③ made　　④ you　　⑤ me　　⑥ this cake)

　　 Please ☐　☐　☐　☐　☐　☐.

20 関係代名詞

📖 **よんでわかる**

1 関係代名詞は後ろから名詞を説明する！

a boyは3人称単数なので"s"をつける

a boy who cooks well （料理がじょうずな男の子）

直前の名詞を説明

料理がじょうず

「女の子」について説明する文

I know a girl. ＋ She sings well.

もともとは2文！

（私は女の子を知っています。）　（彼女はじょうずに歌います。）

I know a girl who [that] sings well.

1文に！

（私はじょうずに歌う女の子を知っています。）

I have a pen which [that] was made in Germany.

（私はドイツで作られたペンを持っています。）

whoは「人」, whichは「もの」, thatは「人」「もの」「人＋動物など」を説明するときに使えるよ！

2 関係代名詞＋〈主語＋動詞〉

「ペン」について　説明する　文

a hatのこと

I like a hat. ＋ My mother bought it yesterday.

（私はぼうしが好きです。）　　（私の母は昨日それを買いました。）

文の途中にあってもitをwhich [that]に置きかえて a hatの後ろに！

I like a hat which [that] my mother bought yesterday.

（私は母が昨日買ったぼうしが好きです。）

後ろに〈主語＋動詞〉が続く場合は, 関係代名詞を省略できるよ！

主語　　　　　　動詞

I like a hat ⌣⌣⌣ my mother bought yesterday.

といてわかる

次の (1) から (3) までの (　) に入れるのに最も適切なものを**1，2，3，4**の中から1つ選びなさい。(4)〜(6) は日本語の意味を表すように並べかえなさい。

(1) Ann will go on a picnic with her friends. She'll bring some sandwiches (　　　) her mother will make.

    1 who   **2** whose   **3** what   **4** which

(2) Jake and Emily are the students (　　　) joined the chorus competition. They performed well.

    1 which   **2** who   **3** they   **4** those

(3) I have a watch (　　　) was made in Switzerland. My father gave it to me for my birthday.

    1 that   **2** whose   **3** who   **4** where

(4) ジョッシュには来月結婚する予定の姉がいます。

    (① married   ② a sister   ③ is going to   ④ has   ⑤ who   ⑥ get)

    Josh ☐☐☐☐☐☐ next month.

(5) これが，父がパリで買った絵画です。

    (① in   ② is   ③ this   ④ bought   ⑤ the painting   ⑥ my father)

    ☐☐☐☐☐☐ Paris.

(6) 私は公園の中を走っている女の子と犬を見かけました。

    (① a dog   ② running   ③ girl   ④ that   ⑤ and   ⑥ were)

    I saw a ☐☐☐☐☐☐ in the park.

21 SVOCの文型

月／日

 よんでわかる

1 〈call＋A＋B〉「AをBと呼ぶ」

We call the dog Moca. （私たちは その犬 を モカ と呼びます。）

 ＝ モカ

callのあとは
呼ぶもの ＋ 呼び方！

> **いっしょに覚えよう**
> callとmake以外の「SVOC」の文型をとる動詞の例
> name A B「AをBと名づける」
> keep A B「AをB（の状態）にしておく」
> leave A B「AをB（のまま）にしておく」

✓ 「何と呼びますか」の言い方

what のあとに〈do＋主語＋動詞〜〉と疑問文の語順が続く。

What do you call the dog?

（あなたはその犬を何と呼びますか。）

2 〈make＋A＋C〉「AをCにする」

「〜を[に]」の形

The news made us happy.

私たち　　幸せな
（そのニュースは 私たちを 幸せ にしました。）

makeのあとは
人など ＋ 気持ちや様子を表す語 だよ！

> **いっしょに覚えよう**
> 「〜を[に]」の形
> 私を⇒me
> 私たちを⇒us
> 彼女を⇒her
> あなた（たち）を⇒you
> 彼（女）らを⇒them

✓ 「何がそうさせたのですか」の言い方

主語をwhatにすればいいんだね！

what のあとは〈make＋A＋C〉の語順。

What made you angry?

（何があなたを怒らせたのですか。）

 **といてわかる**

次の (1) から (3) までの ( ) に入れるのに最も適切なものを**1，2，3，4**の中から1つ選びなさい。 (4) ～ (6) は日本語の意味を表すように並べかえなさい。

(1) Harry writes to his grandparents every month. His letters always make ( ) happy.

　　1 them　　**2** their　　**3** they　　**4** theirs

(2) *A*: You should always ( ) your room clean.

　　B: I know, Mom. I always do that.

　　1 keep　　**2** become　　**3** call　　**4** show

(3) *A*: Keiko, why do you ( ) your cat "Omochi"?

　　B: Because my cat is as white as *mochi*, a Japanese rice cake.

　　1 speak　　**2** tell　　**3** call　　**4** say

(4) 私は今朝，窓を開けたままにしました。

　　(① the window　　② I　　③ open　　④ this　　⑤ left　　⑥ morning)

　　⬜ ⬜ ⬜ ⬜ ⬜ ⬜.

(5) デイブは自分の犬を何と名づけたのですか。

　　(① dog　　② what　　③ name　　④ did　　⑤ his　　⑥ Dave)

　　⬜ ⬜ ⬜ ⬜ ⬜ ⬜?

(6) 過去の戦争の話はハナを悲しくさせて，彼女は泣いてしまいました。

　　(① sad　　② made　　③ of　　④ Hana　　⑤ the past war　　⑥ the story)

　　⬜ ⬜ ⬜ ⬜ ⬜ and she cried.

1章

文法

22 現在完了形

 よんでわかる

1 現在完了は〈have[has]＋過去分詞〉！

I <u>lived</u> in Tokyo three years ago.

（私は3年前東京に住んでいました。）

〈have＋過去分詞〉

I <u>have lived</u> in Tokyo for three years.

（私は3年間ずっと東京に住んでいます。）

 現在完了とは，過去と現在をつなぐ表現だよ。

2 現在完了には3つの意味がある！

✓「～したことがある」

I have seen a koala once.

（私は一度コアラを見たことがあります。）

✓「～したところだ，～してしまった」

I have finished my lunch.

（私は昼食を終えたところです。）

いっしょに覚えよう
●〈have been to ～〉「～に行ったことがある」
●〈have never＋過去分詞〉「一度も～したことがない」
●〈Have＋主語＋ever＋過去分詞?〉「今までに～したことがありますか」

いっしょに覚えよう
●〈have just[already]＋過去分詞〉「ちょうど～したところだ[もう～してしまった]」
●〈have not＋過去分詞 yet〉「まだ～していない」
●〈Have＋主語＋過去分詞 yet?〉「もう～し(てしまい)ましたか」

✓「ずっと～している」

He <u>has lived</u> in Osaka for two years.

（彼は2年間ずっと大阪に住んでいます。）

とい て わかる

次の (1) から (5) までの (　) に入れるのに最も適切なものを**1**，**2**，**3**，**4**の中から1つ選びなさい。(6) は日本語の意味を表すように並べかえなさい。

(1) *A*: Have you (　　　) to Europe before?
B: No, but I want to visit Italy, Spain, and France someday.
1 been　**2** tried　**3** reached　**4** gone

(2) *A*: I've (　　　) reading this comic book.
B: Oh, really? Can I borrow it then?
1 finished　**2** finish　**3** finishes　**4** finishing

(3) A: How long (　　　) Natsuki lived in this town?
B: Maybe about six months.
1 have　**2** has　**3** did　**4** is

(4) Henry has never (　　　) dolphins before. So, he is excited to go to the aquarium and see one for the first time next Sunday.
1 see　**2** saw　**3** seeing　**4** seen

(5) *A*: Has it (　　　) raining?
B: No, it hasn't. I guess we should give up hiking today.
1 stop　**2** stopping　**3** stopped　**4** to stop

(6) 野球の試合はちょうど始まったところです。
(① has　② the　③ just　④ baseball　⑤ started　⑥ game)
＿＿ ＿＿ ＿＿ ＿＿ ＿＿ ＿＿.

ヒント (4) for the first time「初めて」　(5) give up＋ing形「～することをあきらめる」　答え▶別冊 p.14

23 現在完了進行形

 よんでわかる

1 現在完了の継続用法は動作動詞の場合, 進行形を使うことが多い！

> 今回はこっち！

> ✓ 動作動詞のなかま
> play, run, read,
> make, study, see,
> swim, write, learn
> など

> ✓ 状態動詞のなかま
> love, have（持って
> いる）, live, know,
> want, like　など

 ← 動作動詞は動作や行為を表す動詞だよ！

2 〈have＋been＋ing形〉「ずっと〜している」

I <u>have</u> <u>been</u> <u>studying</u> English for three years.
　　　be動詞の過去分詞　　　　　　　（私は英語を3年間ずっと勉強しています。）

 ← 状態動詞はこの形で表さないよ！　

○ I have wanted this camera for a year.

（私は1年間（ずっと）このカメラがほしかったです。）

✕ I have been wanting this camera for a year.

 といてわかる

次の (1) から (5) までの ( ) に入れるのに最も適切なものを**1，2，3，4**の中から1つ選びなさい。 (6) は日本語の意味を表すように並べかえなさい。

(1) Kenta and Rio have ( ) each other since they were little. They are good friends.

    1 know   **2** knew   **3** been knowing   **4** known

(2) *A*: How long has Sara ( ) in the pool?
    B: About two hours.

    1 been swimming   **2** swum   **3** swam   **4** swimming

(3) My father has ( ) a new car for a long time. Today his dream will come true.

    1 been wanted   **2** been wanting   **3** wanted   **4** wanting

(4) My family has a cat called Poco. She has ( ) with us for ten years already.

    1 live   **2** living   **3** lives   **4** lived

(5) *A*: Have you finished your science report?
    B: No, not yet. But I have ( ) it for two hours now.

    1 wrote   **2** been writing   **3** write   **4** written

(6) 私のおじはニューヨークで5年間働いています。
    (① been   ② in   ③ my uncle   ④ has   ⑤ New York   ⑥ working)
    □□□□□□□□□□□□ for five years.

ヒント (1) since ～ 「～以来」   (3) come true 「実現する」   答え ▶ 別冊 **p.14 ～ 15**

1章

文法

次の (1) から (14) までの（　）に入れるのに最も適切なものを**1，2，3，4**の中から1つ選びなさい。

(1)　*A*: Who is the man（　　　）with your dad?

　　　B: He is my uncle, Bob.

　　　　1 talked　　**2** talks　　**3** talking　　**4** being talked

(2)　*A*: Amy, have you（　　　）to the national museum in the city?

　　　B: No, never. But I want to visit it someday.

　　　　1 go　　**2** gone　　**3** be　　**4** been

(3)　*A*: This temple looks very old.

　　　B: Yes. It was（　　　）more than 1,000 years ago.

　　　　1 build　　**2** built　　**3** building　　**4** to build

(4)　I'm going to try mountain climbing for the first time. I'll check

　　（　　　）I should bring for it on the Internet.

　　　　1 what　　**2** where　　**3** when　　**4** how

(5)　*A*: Jenny is absent from school today,（　　　）she?

　　　B: I know. I heard she caught a cold.

　　　　1 is　　**2** isn't　　**3** does　　**4** doesn't

(6)　There is a zoo（　　　）is famous for its penguin walks. I'm

　　going there next week.

　　　　1 who　　**2** what　　**3** that　　**4** whose

(7)　A: My name is Kentaro. Please (　　　) me Ken.

　　B: All right. That's much easier for me.

　　　1 ask　　**2** make　　**3** find　　**4** call

(8)　A: Have you (　　　) which clothes to buy?

　　B: I can't decide. Tell me which one looks best on me.

　　　1 choosing　　**2** choose　　**3** chose　　**4** chosen

(9)　Paul is looking for his earphones (　　　) he left on his desk at school yesterday.

　　　1 who　　**2** which　　**3** when　　**4** where

(10)　A: What (　　　) you so excited, Kate?

　　B: Guess what? I've just met a famous actor on the street.

　　　1 changed　　**2** happened　　**3** turned　　**4** made

(11)　Some smartphones are (　　　) on the Internet. Karen is going to buy one there.

　　　1 sell　　**2** sold　　**3** selling　　**4** to sell

(12)　A: What is the language (　　　) in Mexico?

　　B: It is Spanish.

　　　1 spoken　　**2** speaking　　**3** spoke　　**4** speak

(13)　A: Mike, you (　　　) playing that video game for too long.

　　B: All right, Mom. I'll stop playing it now.

　　　1 will be　　**2** have been　　**3** were　　**4** having

(14)　A: Do you know (　　　) the dance performance starts?

　　B: It'll start in an hour, so we should leave home soon.

　　　1 where　　**2** when　　**3** how　　**4** who

答え▶別冊 p.15 〜 16

24 勧誘・提案

月／日

 よんで わかる

1 勧誘・提案

How about going cycling this weekend?
今週末にサイクリングへ行くのはどう？

Can I ask Lucy to come, too?
ルーシーにも来るように頼んでいい？

Of course.
もちろん。

「ルーシーも来るように頼んでいい？」と聞いているということは，その前に何と答えたのかな？

1 That sounds great.　　2 Have a nice weekend.
3 I went there by bike.　4 I'm busy on that day.　正解は **1**「それはいいね。」

ポイント
● How about ～ ?は，後ろに名詞や，動詞のing形がくる。
●「もちろん」はOf course.のほかにSure.もよく使われる。

2 勧誘・提案でよく使われる表現

✓ 誘う・提案する

Why don't we ～ ? / Shall we ～ ?
（～しませんか。）
Let's ～ .（～しましょう。）

Why don't you ～ ?
（～してはどうですか。）
Would you like to ～ ?
（～したいですか。）
Would you like ～ ?
（～はいかがですか。）

✓ 誘い・提案への応答

［承諾する場合］
Sounds good[great].
（それはいい[すばらしい]ですね。）
Good idea.（いい考えですね。）
I'd love to.（ぜひそうしたいです。）
Of course. / Sure. / Certainly.
（もちろんです。）

［拒否する場合］
No, thanks.（いいえ，結構です。）
Sorry, but...（悪いけど…）
Maybe next time.
（次の機会にしましょう。）

といてわかる

次の (1) から (5) までの (　) に入れるのに最も適切なものを**1**，**2**，**3**，**4**の中から１つ選びなさい。

(1)　*Boy 1*: We have a lot of homework to do.

　　Boy 2: How about doing it together at the library?

　　Boy 1: (　　　　)

　　1 That's a good idea.　　　　**2** We should leave soon.

　　3 That's not our homework.　　**4** I've already finished it.

(2)　*Server*: Would you like to have anything else, sir?

　　Man: (　　　　)

　　Server: I'll bring it right away.

　　1 All the food was delicious.

　　2 The service here is excellent.

　　3 I'd like to have coffee, please.

　　4 I'm having a wonderful time.

(3)　　　　*Wife*: I'll wash the dishes. Can you clean the living room?

　　Husband: (　　　　) You're better at cleaning the room than I am.

　　1 It's easier for me.　　　　**2** I'll do the dishes instead.

　　3 It's already clean.　　　　**4** You are good at it.

(4)　*Girl 1*: My family is going camping. (　　　　)

　　Girl 2: I'd love to. I'll ask my parents about it.

　　1 Did you know it?　　　　**2** Why don't you join us?

　　3 Can I go there?　　　　**4** Shall I come with you?

(5)　*Husband*: Shall we watch this movie now?

　　Wife: (　　　　) I want to finish reading this book first.

　　1 It's your turn.　　　　**2** You're right.

　　3 Of course I am.　　　　**4** Maybe later.

ヒント (2) anything else「ほかに何か」　　(3) do the dishes「皿を洗う」　　　　答え ▶ 別冊 p.16

25 感想・意見・同意

月 / 日

 よんでわかる

1 感想・意見・同意

I heard you went to Taiwan. 　　　　　　

きみが，台湾に行ったと聞いたよ。　　　　　

It was great. I really enjoyed the food and culture there.

すばらしかったわ。　そこの食べ物と文化をすごく楽しんだわ。

> 選択肢は疑問文だよ。何かを問いかけられて「すばらしかった」
> と答えているね。どんなことを聞かれたのかな？

1 What were you doing?　　　**2** Where are you going?
3 When did you go there?　　　**4** How did you like it?

正解は　**4**　「そこ（台湾）はどうだった？」

ポイント | ● 選択肢4のitは「台湾」を指す。itはたいてい，前文にある単数名詞を受ける。

2 感想・意見・同意でよく使われる表現

✓ 感想・意見・同意を求める

How was ～?（～はどうでしたか。）
How do[did] you like ～?
（～はどうですか[どうでしたか]。）

What do you think about ～?
（～についてどう思いますか。）
Do you think (that)～?
（～だと思いますか。）

Do[Don't] you think so?
（そう思いますか[思いませんか]。）

✓ 感想・意見・同意を述べる

That's great.（それはすばらしい。）
I'm surprised[sorry] to hear that.
（それを聞いて驚きました[気の毒に思います]。）
That's too bad.
（それはお気の毒[残念]です。）
I'm sure ～ .（きっと～だと思います。）
I'm afraid (that) ～ .
（あいにく[残念ながら]～です。）
I agree. / I disagree.
（賛成です。）　　（反対です。）
I think so, too.（私もそう思います。）
I don't think so.
（私はそうは思いません。）

次の (1) から (5) までの (　) に入れるのに最も適切なものを**1，2，3，4**の中から１つ選びなさい。

(1)　*Boy 1*: What do you think of my new cap?

　　　Boy 2: (　　　　) I want to have one like that, too.

　　　1 It's so nice.　　　　　　**2** That's not mine.

　　　3 You did well.　　　　　　**4** I have a better one.

(2)　*Mother*: How were your test scores?

　　　　Son: (　　　　) They'll be returned soon.

　　　1 I started studying.　　　　**2** I didn't take the test.

　　　3 I already saw them.　　　　**4** I don't know yet.

(3)　*Man 1*: Did you see the basketball game yesterday?

　　　Man 2: Of course. (　　　　)

　　　Man 1: Yeah, I agree.

　　　1 Wasn't it exciting?　　　　**2** Didn't you see it?

　　　3 What time was it?　　　　**4** Who watched it with you?

(4)　　　*Wife*: The new Italian restaurant wasn't very expensive.

　　Husband: Was the food good?

　　　　Wife: (　　　　)

　　　1 Here it is.　　　　　　　**2** Same to you.

　　　3 Please go ahead.　　　　　**4** It wasn't bad.

(5)　　　*Man*: Will Mr. Hudson come to the party tomorrow?

　　Woman: I'm not sure. (　　　　)

　　　　Man: Right, I'll send him an email.

　　　1 Aren't you coming?　　　　**2** Why don't you ask him?

　　　3 Where will he go?　　　　**4** When will the party start?

ヒント (4) go ahead「お先にどうぞ。」　　　　　　　　　　答え▶ 別冊 p.16 〜 17

26 買い物での会話

月 / 日

📖 よんでわかる

1 買い物での会話

I'm looking for a T-shirt.

Tシャツを探しているのですが。

We have some over here, sir. ☐

こちらにいくつかございます。 ☐

May I try it on?

それを試着してもいいですか。

問題になっている部分のすぐあとの文に注目。try onは「試着する」の意味だ。ということはその前に何と言われたのかな？

1 What size is it?　　2 How about this one?

3 May I help you?　　4 Where did you find it?

正解は　2　「こちらはいかがですか。」

ポイント　● sirは「お客さま」という意味で，店員が男性の客に対して名前を呼びかけるかわりに使うていねいな言葉。女性にはma'am「奥様，お嬢さん」を使う。

2 買い物でよく使われる表現

✔ 店員が使う表現

May[Can] I help you～?
（ご用件は何でしょうか[いらっしゃいませ]。）

Are you looking for something?
（何かお探しでしょうか。）

They're over here.
（それらはこちらにございます。）

It's on the first[second] floor.
（それは，1階[2階]にあります。）

✔ 客が使う表現

I'm just looking.
（見ているだけです。）

Where can I find ～?
（～はどこで見つけられますか（どこにありますか）。）

I'm looking for ～.
（～を探しています。）

May[Can] I try it on?
（それを試着してもいいですか。）

Do you have a smaller[bigger] one?
（もっと小さい[大きい]のはありますか。）

82

　次の ⑴ から ⑸ までの（　）に入れるのに最も適切なものを**1，2，3，4**の中から１つ選びなさい。

⑴　*Salesclerk*: May I help you?

　Customer: (　　　　), thank you.

　Salesclerk: Please let me know if you need anything.

　　1 I'm just looking. 　　　　**2** It doesn't fit me.

　　3 I want another one. 　　　**4** It's too big for me.

⑵　*Customer*: Excuse me. Where can I find the toys?

　Salesclerk: (　　　　) The elevator is over there.

　　1 The fitting room is over there.

　　2 Please enjoy shopping.

　　3 They're on the fifth floor.

　　4 We have lots of clothes.

⑶　*Customer*: This skirt is too small for me.

　Salesclerk: Let me see. (　　　　)

　　1 It's not our shop. 　　　　**2** I'll bring a bigger one.

　　3 There's a smaller size. 　　**4** You can try it on.

⑷　*Man*: I'd like my hamburger without onions.

　Server: (　　　) No problem.

　　1 That's too bad. 　**2** Sorry. 　**3** Certainly. 　**4** Congratulations.

⑸　*Server*: May I take your order?

　Woman: Sorry, but (　　　　)

　Server: OK. I'll be right back when you are ready.

　　1 I'm ready to order. 　　　**2** there is no menu.

　　3 I haven't decided yet. 　　**4** the food is coming soon.

ヒント ⑵ 序数＋floor「〜階」　　⑸ I'll be right back.「すぐに戻ります。」　　答え ▶ 別冊 **p.17**

83

よんでわかる

 1 道案内・電話

> **Do you know where the convenience store is?**
>
> コンビニがどこにあるか知っていますか。

> **Yes. Go straight down this street.** _____
>
> はい。この道をまっすぐ進んでください。 _____

> 「この道をまっすぐ進んでください。」と道順を答えているね。
> そのあとはどんな言葉が続くかな？

1 That's convenient.　　　**2** It's across from the post office.

3 I'm a stranger here.　　　**4** Just a moment, please.

正解は **2** 「郵便局の向かい側にあります。」

ポイント ● *across from ~* で，「~の向かい側に」という意味。

2 道案内・電話でよく使われる表現

✓ 道案内での表現

How can I get to ~ ?
（~へはどのように行けばいいですか。）

Could you tell me where ~ is?
（~はどこにあるのか教えていただけますか。）

Go (straight) down this street.
（この道をそのまま（まっすぐ）行ってください。）

Turn left at the traffic light.
（信号を左へ曲がってください。）

Turn right at the second corner.
（2番目の角を右へ曲がってください。）

✓ 電話での表現

make a call （電話をかける）

answer the phone
（電話に出る）

call back
（折り返し電話をする）

Is ~ there?
（~さんはいらっしゃいますか。）

Hold on please.
（少々お待ちください。）

Can I leave a message?
（伝言を残してもいいですか。）

次の (1) から (5) までの (　) に入れるのに最も適切なものを**1，2，3，4**の中から１つ選びなさい。

(1) *Woman 1*: (　　　　) Let me help you.
　　Woman 2: Thank you. How can I get to the museum?
　　1 Is this the right way?　　**2** Can you tell me?
　　3 Where did you go?　　**4** Are you lost?

(2) *Daughter*: Mom, the phone is ringing.
　　Mother: I'm cooking now. (　　　　)
　　Daughter: All right.
　　1 Will you answer it?　　**2** Will you turn it down?
　　3 Will you ring it?　　**4** Will you make a call?

(3) *Man 1*: Excuse me, could you tell me the way to the bank?
　　Man 2: Sure. Turn left at the next corner. Then, (　　　　).
　　1 you'll find it　　**2** the station is there
　　3 there is no bank　　**4** the bank is closed

(4) *Woman*: Hello, Robin. Where are you now?
　　Man: Hi, Sally. Sorry, I'm just getting on the train now.
　　　　(　　　　)
　　1 Here is your ticket.　　**2** I'll call you back.
　　3 It hasn't arrived yet.　　**4** You have no time.

(5) *Man*: Do you know where I can find the bakery?
　　Woman: (　　　　) You have to go back that way.
　　1 You don't need to go.　　**2** You have passed it.
　　3 I've already bought it.　　**4** I'll visit there instead.

28 その他の表現

 よんでわかる

1 その他の会話表現

 I'm going to give Mom some flowers for her birthday.
[   ] Dad?

私, お母さんのお誕生日にお花をあげるつもりなの。
[   ] お父さん?

 お父さんは「それはいい考えだね!」と答えているね。娘は何て言ったのかな?

That's a good idea!
それはいい考えだね!

1 What do you think,　**2** Where are the flowers,

3 What's the matter,　**4** When is the party,

正解は　**1**「どう思う,」

ポイント　● 〈give＋人＋もの〉で「人にものをあげる」という意味。give Mom some *flowers*は「お母さんにお花をあげる」の意味になる。

2 その他のよく使われる表現

Thanks for asking.
(聞いてくれてありがとう。)

Excuse me. (すみませんが。)

I'm not sure. (よくわかりません。)

I'm glad you like it[them].
(気に入ってくれてうれしいです。)

Don't worry. (心配しないで。)

Go ahead. (お先にどうぞ。)

You are right.
(あなたのおっしゃる通りです。)

Not so[very] good.
(あまりよくないです。)

Here it is. (はい, どうぞ。)

I'm afraid I can't.
(残念ですが, できません。)

Good job. (よくできました。)

That's all right[OK].
([感謝・謝罪に答えて]どういたしまして。)

Anything else? (ほかに何か?)

What's the matter?
(どうしたの?)

次の (1) から (5) までの (　) に入れるのに最も適切なものを1，2，3，4の中から1つ選びなさい。

(1)　*Woman*: The new Italian restaurant is really good.

　　Man: (　　　　) I went there last Sunday.

　　1 Have a nice time.　　　　**2** I'm not hungry.

　　3 I can't cook Italian food.　**4** You are right.

(2)　　*Sister*: I'm going to Grandpa's house tomorrow.

　Brother: Do you know which bus to take?

　　Sister: (　　　　) Mom is going to drive me there.

　　1 I'll take a train.　　　　**2** Don't worry.

　　3 It's not his house.　　　**4** The bus is coming soon.

(3)　　*Mother*: What time did you go to bed last night?

　Daughter: (　　　　)

　　Mother: You should go to bed earlier.

　　1 I'm not sure.　　　　**2** I understand.

　　3 Of course.　　　　　**4** No problem.

(4)　　*Son*: Can I use your computer?

　Father: (　　　　) Oh, but let me send just one email before you use it.

　　1 Here it is.　　　　**2** It's not mine.

　　3 Good job.　　　　　**4** You have one.

(5)　*Girl 1*: You look sad. (　　　　)

　Girl 2: My cat is missing.

　Girl 1: You mean the one with the long tail?

　　1 What kind is it?　　　**2** What's the matter?

　　3 What about you?　　　**4** What's your cat's name?

ヒント (4) send an email「メールを送る」

答え ▶ 別冊 p.17 ～ 18

（右余白）2章　会話表現

確認のテスト⑥

次の (1) から (10) までの (　) に入れるのに最も適切なものを **1，2，3，4**の中から１つ選びなさい。

(1)　*Daughter*: Mom, how do you like this new dress?

　　Mother: (　　　　) You should wear it to the party next week.

　　1 It's too expensive.　　　**2** I like your shirt.

　　3 That's a nice picture.　　**4** It looks great on you.

(2)　*Man 1*: Excuse me. Is there a convenience store around here?

　　Man 2: (　　　　) It's across the road and next to the police
　　　　station.

　　1 This is my first time.　　**2** I'll get it for you.

　　3 There's one over there.　　**4** You can keep it.

(3)　*Boy*: Can you lend me your math textbook?

　　Girl: (　　　　) I don't have it today.

　　1 I'm afraid I can't.　　　**2** It's not my classroom.

　　3 Sure, go ahead.　　　　**4** You are studying hard.

(4)　*Student*: I'm looking forward to the school trip tomorrow.

　　Teacher: (　　　　) I'm sure you'll enjoy it.

　　1 I'm a stranger here.　　**2** I'll tell you the reason.

　　3 I'm glad to hear that.　　**4** I'm coming right now.

(5)　　*Man*: Jane, how are you feeling?

　　Woman: I don't have fever anymore, so I'm OK now. (　　　　)

　　1 We enjoyed it.　　　　**2** It was a good job.

　　3 It's very far.　　　　　**4** Thanks for asking.

(6) *Woman*: Paul, (　　　　)

      Man: Sure. I'm tired, too. Let's go to that café.

    1 do you have a ticket?　　　　**2** what are you drinking?

    3 why don't we take a break?　**4** how did you like the cake?

(7)   *Staff*: How many are in your group?

   Woman: Four adults and three children.

      Staff: All right. (　　　　)

    1 This way please.　　　　**2** I like that idea.

    3 We are already closed.　**4** I'm afraid it's not yours.

(8) *Father*: I'll buy you a smartphone when you become sixteen.

    Son: (　　　　) I want to have it now.

    1 I will go there alone.　　**2** I can't wait until then.

    3 That's not what I want.　**4** It's a wrong number.

(9)   *Wife*: Are you ready to go? We'll be late for the movie.

  Husband: (　　　　) Please wait for just a couple of minutes.

    1 I hope you can come.　**2** I'll have the same.

    3 I started it yesterday.　**4** I'm almost ready.

(10)   *Sister*: Did you clean the bathroom?

  Brother: No, why do I have to?

    Sister: (　　　　) I did it yesterday.

    1 It's your turn.　　　**2** Good for you.

    3 Not at all.　　　　　**4** It's not mine.

答え ▶ 別冊 **p.18**

29 掲示・案内・広告

月／日

よんでわかる

 3A 掲示・案内・広告

✓ 問題の特徴

イベントへのお誘い，ボランティア・メンバー・スタッフなどの募集といった内容の掲示・案内・広告文。全体の語数は100語程度。問題は2問。

（例文）

Westwood Dog Festival ← ①
Come and enjoy some fun activities!

We'll have a 50-meter Dog Run, Costume Contest, and Dog Photo Contest!
If you're interested, you can enter any of these activities!
*If you enter an activity, you can get a free drink!

Date: Sunday, June 19
Time: 10 a.m. to 5 p.m.
Place: North Park (about 10-minute walk from Woodland Train Station)
Entry fee: $5 per activity

②

To enter the photo contest, please send us a photo by May 31.
We are looking forward to your cutest dog photos.
The winner will get a special prize!

③

For more information, please visit our website: www.westwood-dogfes.com.

得点アップのコツ

① 案内が書かれた目的をおさえる。② 日時・場所・金額などの具体的な情報をおさえる。
③ その他の注意事項と連絡先や連絡方法をおさえる。

- -

（例文）①の「Westwood Dog Festival」から，ドッグフェスティバルだとわかる。②にはフェスティバルの行われる日時・場所・活動の参加費用が書かれている。③には写真コンテストに参加する場合や，詳細を知りたいときの連絡先と連絡方法などの注意事項が書かれている。

ポイント

質問文は以下のことに注意して解こう！
・When [What／Where／Who／How] ～?　などの疑問詞。いつ［何を／どこで／だれが／どうやって］～?の何が問われているかに注意する。
・助動詞 should, must, will, can などから，すべきこと，これからすること，できることなどをおさえる。

 **といてわかる**

次の掲示の内容に関して，(1) と (2) の文を完成させるのに最も適切なものを**1, 2, 3, 4**の中から一つ選びなさい。

Parent Volunteers Needed!

Springville Elementary School is holding an event to show the students' artworks from Saturday, October 15 to 16. We need twenty parents to help us.

> **Date:** Friday, October 14
> **Time:** 1 p.m. to 5 p.m.
> **Place:** Art room

We would like you to move the students' artworks from the art room to the gym. Then, you will display them in the gym and in the hallways. Tea and snacks will be served after work in the home economics room, so please help yourself.

If you are interested, please send an email to Ms. Denis, the art teacher at emmadenis@spvilleschool.com by September 30.

---

(1) Parent volunteers should meet

    1 in the home economics room on September 30.
    2 in the art room on October 14.
    3 in the gym on October 15.
    4 in the hallway on October 16.

(2) Parents who want to volunteer must

    1 check the students' artworks.
    2 come to school on the day of the event.
    3 serve tea and snacks.
    4 contact Ms. Denis.

答え ▶ 別冊 **p.19**

30 Eメール・手紙文 / 説明文

 よんでわかる

📖 1 3B Eメール・手紙文

✔問題の特徴

友人や親せきの間での連絡や，店・公共施設などへの問い合わせなどがテーマのEメールや手紙文。全体の語数は250語程度（ただし，送受信と件名の部分を除く）。問題は3問。

（ Eメールの例 ）

From: Dai Nomura ←だれから
To: George Owen ←だれに
Date: July 5 ←いつ
Subject: Camping trip ←用件
                                         ①

Hi George,

Tomoki and I are planning to go on a camping trip to Hachijojima for three days at the end of July. Why don't you come with us? ← ②   We want to make wonderful memories before you go back to Canada in August after a year of studying in Japan. We are going to take a boat to Hachijojima. We will leave Tokyo at 10:30 p.m. and arrive at Hachijojima around 9:00 a.m. the next morning. How about that?

Your friend,

Dai

From: George Owen
To: Dai Nomura
Date: July 6
Subject: Camping trip

Hi, Dai.

Thank you for inviting me. I'd love to go. ← ③   But I've never been on a boat for such a long time. So, I'm a little worried about getting seasick. Do you think we can go by plane? I also wonder what we can do in Hachijojima? Tell me more about it. My father always says it's important to see and hear a lot of things when you are young. I can't wait!

See you,

George Owen

得点アップのコツ

（ Eメール ）① Eメールの形式に慣れ，「だれが・だれに・いつ・どんな用件」を送ったかをおさえる。
② 送信者が伝えたいこと（誘い，質問，問題点など）が何かをつかむ。③ メールのやりとりから話題がどう広がるか把握する。

（ 手紙文 ）手紙文は，右上に「日付」，本文の出だしは「初めのあいさつ」，最後は「結びの言葉と署名」で終わる形式に慣れ，疑問詞に注意しながら内容を把握する。

- -

（ Eメールの例 ）①の内容はヘッド部分で確認する（2通目のメールも同様）。②の用件は，「八丈島へのキャンプ旅行にぼくたちといっしょに行かない？」である。③ではそれに対し，「ぜひ行きたいな。」と答えている。

ポイント	質問は以下のことに注意して解こう！ ・ When [What／Where／Who／How] ～ ？ などの疑問詞をおさえる。特に「何をしたか，何をするのか，何をしようとしているのか，何をしなければならないか」といった行動を問うものが多い。 ・ 質問文や選択肢では本文の表現を言い換えたものが多く使われるので注意する。

3
章

長
文

2 3C 説明文

✔ 問題の特徴

大きく分けて①人物について，②物や場所，動物などについて，③地域の祭りやイベントについての3つのテーマに分かれる。全体の語数は250語程度。問題は5問。

得点アップのコツ

① タイトルから問題のテーマを理解する。② あらかじめ質問文に目を通す。このとき，5問目が"What is this story about？"となっているかどうかを確認する。③ 質問文で問われていることを頭に入れて，正解を探すように本文を読む。④ 質問は，ほぼ段落の順番に出題されるので，1つずつ解きながら読み進めてもよいだろう。

ポイント	質問は以下のことに注意して解こう！ ・ When [What／Where／Who／How] ～ ？ などの疑問詞をおさえる。 ・ 質問文や選択肢の中に「場所の名前」「人の名前」「年」などがあったら，それらを本文に探して，その近辺をよく読む。正解につながる内容はこれらキーワードとなる語句の近くにあることが多い。 ・ 質問文や選択肢では本文の表現を言いかえたものが多く使われるので注意する。 ・ 5問のうちの最後の問題が"What is this story about?"となっていることが多いが，この問題があった場合は，全体の内容が何かを考えながら本文を読み進める。

 といてわかる

次のEメールの内容に関して，(1)から(3)までの質問に対する答えとして最も適切なものを1，2，3，4の中から一つ選びなさい。

From: Kenji Yamashita
To: Paul Johnson
Date: February 3
Subject: I am a big fan of yours

Dear Mr. Johnson,

My name is Kenji Yamashita. I'm a junior high school student in Japan. This is my first fan letter to you. I love your movies. Especially *Stars Are Shining* is my favorite. I have watched it many times because it always makes me happy. I want to learn about movies at university in America and be a movie producer like you. So, I study English very hard. Is there anything I should do to make my dream come true? I'd be happy if you give me some advice.

Sincerely,

Kenji

From: Paul Johnson
To: Kenji Yamashita
Date: February 10
Subject: To a future movie creator

Dear Kenji,

I'm very happy to hear that you like my movies, and you want to make movies in the future. I'll give you some advice. First, please remember that movies are made from the creator's experiences. I want you to try as many things as you are interested in. Second, you should start making movies soon. You don't have to wait until you become a university student. You don't have to make a perfect movie. All you have to do is challenge yourself. Don't be afraid of making mistakes. Don't give up on your dream. I am looking forward to watching your movie someday.

Best wishes,

Paul Johnson

From: Kenji Yamashita
To: Paul Johnson
Date: February 11
Subject: Thank you very much!

Dear Mr. Johnson,

I'm so excited to hear from you because I was not expecting you to reply. I decided to start making a movie. I'm writing a story for my movie now. It's very difficult but interesting. I understand that there are many things I can do now. Someday, I hope I can work with you in America. I'm looking forward to your new movie.

Sincerely,

Kenji

(1) Why does Kenji like *Stars Are Shining*?
　1 It is a movie about a movie producer.
　2 It was Mr. Johnson's favorite.
　3 He can feel happy.
　4 He wants to make a movie.

3 章

長 文

(2) What is Mr. Johnson's advice for Kenji?
　1 Kenji should start studying English.
　2 Kenji should experience a lot of things.
　3 Kenji should go to university in America.
　4 Kenji should make a perfect movie.

(3) What did Kenji begin to do after receiving Mr. Johnson's reply?
　1 Study English harder.
　2 Make his own movie.
　3 Write a story about Mr. Johnson.
　4 Watch Mr. Johnson's new movies.

答え ▶ 別冊 p.19 〜 20

32 説明文

次の英文の内容に関して，⑴から⑸までの質問に対する答えとして最も適切なもの，または文を完成させるのに最も適切なものを1，2，3，4の中から一つ選びなさい。

Rachel Louise Carson

Today, we often talk about "environmental problems." Rachel Carson was one of the first people to bring the world's attention to these problems. She was born in Pennsylvania, U.S.A. in 1907. As a child, she wanted to be a writer, and her favorite topic was the "ocean." She later wrote three books on this topic and one of them–*The Sea Around Us*–became a bestselling book.

When she was in college, a biology* class made her want to become a scientist in this field. In 1936, she began working for the U.S. government as a professional scientist. Her main job was to check the fish living in the sea. She also wrote a pamphlet to educate the public about protecting fish. In the late 1950s, Carson became interested in some problems caused by agricultural pesticides*.

In 1962, she published a book titled *Silent Spring*. In this book, Carson spoke out to the public about the danger of agricultural pesticides. They were not only killing insects, but also killing the birds and small animals that ate those insects. The pesticides also went into rivers and killed fish. Such facts were not well known at that time. She also said that this pollution would damage the whole world and, in the end, threaten* human life if nothing was done. She says in her book, "In nature, nothing exists* alone."

Carson was heavily bashed* by many chemical companies* for this book. However, it had a big public impact. The book opened the world's eyes to environmental problems and became the starting point of the environmental movement in human history.

*biology「生物学」　　*agricultural pesticides「農業用殺虫剤（農薬）」　　*threaten「〜をおびやかす」
*exist「存在する」　　*bash「〜を激しく非難する」　　*chemical company「化学薬品会社」

(1) When Carson was a child, she
  1 was interested in environmental problems.
  2 wanted to become a writer.
  3 loved to swim in the ocean.
  4 read bestselling books.

(2) What was Carson's job in the U.S. government?
  1 Catching fish to sell.
  2 Giving people information about protecting fish.
  3 Making agricultural pesticides.
  4 Protecting the forests.

(3) What happened in 1962?
  1 Carson's book started to be sold.
  2 Carson made a speech about pollution.
  3 Many living things died.
  4 Pollution damaged the world.

(4) Why did chemical companies bash Carson?
  1 Her book let people know about the risk of agricultural pesticides.
  2 The government stopped buying agricultural pesticides.
  3 People started to damage the environment.
  4 They thought their agricultural pesticides would save the earth.

(5) What is this story about?
  1 A famous American scientist.
  2 Environmental problems of the world.
  3 The risk of agricultural pesticides.
  4 A book written about silence.

33 英作文のコツ

月 / 日

ライティング問題は聞かれ方や書き方を知ることで，大量得点をねらうことができます。どれだけ単語や文法を知っているかも重要なので，前の章で復習してから英作文について勉強しましょう。

よんでわかる

1 英作文の形式とポイント

【英作文のポイント】
・「自分の考え→(理由が2つあることを明示)→2つの理由」の型にあてはめよう。
・理由は2つ書こう。
・25 ～ 35語で書こう。

語数はあくまでも目安なので，25語より少ないのはよくないけど，伝えたいことをきちんと書くために，35語を少し超えるのはまったく問題ないよ！

【よく出る形式】
①WhatやWhereなどで始まる疑問文の問題
②Which do you like better,で始まる問題
③Doで始まる疑問文の問題
　…自分の考えより，理由を書きやすいと思ったものなどについてを書こう。

2 具体的に見ていこう

【例題】 What sports do you like best?（あなたがいちばん好きなスポーツは何ですか。）

[書き始める前に]
選択肢と理由を考えてみよう。
　サッカー→走ることが好き。ボールを蹴ってチーム仲間にパスするとき，気持ちがいい。
　スキー→速い速度で山を降りられる。雪景色を見ながら運動できる。
　水泳→水が気持ちいい。海で泳ぐのが好き。

[実際に書くときの手順と型]
①英語で書けそうな理由を考えられた意見を採用し，**あなたの考え**から書き始めよう。
　「走ることが好き」なら英語で書ける→「サッカーが好き」(I like soccer〔the〕best.)から英作文を始める。
　文字が足りないようなら，**理由が2つある**ことを明示してもよい。
　・I have two reasons.（私には2つの理由があります。）
　・There are two reasons.（理由は2つあります。） など。
②**理由を2つ書こう。**その際に理由をサポートする文を追加するとスコアアップがねらえる。
　・First, ～ . Second〔Also〕, ...（第1に，～。第2に〔また〕…。）
　・(... because) ～ . Also, ...（～だからです）。また，…。

3 作文の書き方を知ろう！

[例題]
- ●あなたは，外国人の友達から以下のQUESTIONをされました。
- ●QUESTIONについて，あなたの考えとその理由を２つ英文で書きなさい。
- ●語数の目安は25語 ～ 35語です。

QUESTION

What sports do you like best? （あなたがいちばん好きなスポーツは何ですか。）

[解答例]

①【あなたの考え】・・・問題の質問に対して，自分の考えを書こう。

I like soccer[skiing, swimming ...] (the) best.
私はサッカー［スキー，水泳…］がいちばん好きです。

〖理由が２つある〗・・・全体の文字数が足りなくなりそうな場合は，理由が２つあることを明示してもよい。

I have two reasons. または[There are two reasons.]
私には２つの理由があります。　　理由は２つあります。

理由は
２つだよ！

②【理由を２つ】・・・2つの理由をはっきりと示す表現を使おう。

〖理由１〗・・・【あなたの考え】の理由を伝えよう。

First, I like to run.　第1に，私は走ることが好きです。

＊このとき，理由をサポートする文をつけ加えると，スコアアップがねらえる。また，〈like＋to *do*〉，〈enjoy＋*doing*〉，〈It is＋形容詞＋for me to *do*〉など多くの種類の構文や，さまざまな熟語などを使うこともスコアアップにつながる。

[サポート文の例]
First, I like to run and I enjoy running around the soccer ground.
（第1に，私は走ることが好きで，サッカーグランドを走り回ることを楽しんでいます。）

〖理由２〗・・・理由1とは別の理由を書こう。

Second[Also], I feel good when I kick the ball and pass it to my teammates.
第2に，私はボールを蹴ってチーム仲間にパスするとき，気持ちがいいです。

[サポート文の例]
It feels great especially when I shoot the ball.　（特にシュートを打つとき，最高に気持ちいいです。）

（計２８語）

＊サポート文は含みません。

よく使う表現

考えを書く：I like ～ . ／ I like ～ better (than ...). ／ I want to ～ .

理由が２つある：I have two reasons. ［There are two reasons.］

理由2つ：First, ～ , Second[Also], ...
　　　　　　 (... because,) ～ . Also, ...

4章

ライティング

34 WhatやWhereなどで始まる疑問文の問題

月 / 日

📖 よんでわかる

1 理由を書きやすいと思ったものについて書こう

●あなたは，外国人の友達から以下のQUESTIONをされました。
●QUESTIONについて，あなたの考えとその理由を2つ英文で書きなさい。
●語数の目安は25語 〜 35語です。

QUESTION
What kind of food do you like? （あなたはどんな食べ物が好きですか。）

[解答例]

I like curry very much. I have two reasons. First, I like hot and spicy food. Second, curry is my father's favorite food to cook, and his curry is delicious.

(計30語)

[和訳]

私はカレーがとても好きです。私には2つの理由があります。第1に，私は辛くて香辛料のきいた食べ物が好きです。第2にカレーは父のいちばんの得意料理で，父のカレーはとてもおいしいです。

2 採点の観点：(1)内容：質問に対応した内容と，それにそった理由2つが書かれているか

[減点例]

×I like cooking curry. I have two reasons. First, it is easy to cook. Second, I want to be a chef in the future.

（私はカレーを作ることが好きです。私には2つの理由があります。第1に，それは作るのが簡単です。第2に私は将来，料理人になりたいです。）

QUESTIONでは好きな食べ物が聞かれていたはずだけど…。

100

 **といてわかる**

以下の❶❷の問題について，下線部にあなたの考えを書きなさい。

❶

> ●あなたは，外国人の友達から以下のQUESTIONをされました。
> ●QUESTIONについて，あなたの考えとその<u>理由を2つ</u>英文で書きなさい。
> ●語数の目安は25語 ～ 35語です。
>
> QUESTION
> ***What do you want to be in the future?*** （あなたは将来，何になりたいですか。）

I want to be _____

（There are two reasons.）

First, _____

_____

Second［Also］, _____

_____

❷

> ●あなたは，外国人の友達から以下のQUESTIONをされました。
> ●QUESTIONについて，あなたの考えとその<u>理由を2つ</u>英文で書きなさい。
> ●語数の目安は25語 ～ 35語です。
>
> QUESTION
> ***Where do you want to go on your winter vacation?***
> （あなたは冬休みにどこに行きたいですか。）

_____

_____

_____

_____

_____

_____

答え ▶ 別冊 **p.22**

35 Which do you like better, で始まる問題

📖 よんでわかる

1 理由を書きやすいと思ったほうを書こう

> ●あなたは，外国人の友達から以下のQUESTIONをされました。
> ●QUESTIONについて，あなたの考えとその理由を2つ英文で書きなさい。
> ●語数の目安は25語 ～ 35語です。
>
> QUESTION
> **Which do you like better, eating at home or eating out?**
> （あなたは家で食べることと外食することのどちらのほうが好きですか。）

［解答例］

I like eating out better than eating at home because there are many kinds of food I can choose at a restaurant. Also, I can enjoy talking with my family when we eat out.

(計34語)

［和訳］

私は外食することのほうが，家で食べることより好きです。なぜなら，レストランではたくさんの種類の食べ物を選べます。また，外食をすると，家族と話すことも楽しめます。

2 採点の観点：(2)構成：英文の構成や流れがわかりやすいか

［減点例］

I like eating at home better. I can relax at home. I like my mother's cooking. I enjoy cooking with her sometimes.

（私は家で食べることのほうが好きです。家ではリラックスできます。私は母の料理が好きです。私はときどき母と料理をすることを楽しみます。）

First, Second や接続詞がまったくなくてわかりにくいなあ…。

Firstや接続詞などを加えてみると…。
I like eating at home better. I have two reasons. First, I can relax at home. Second, I like my mother's cooking. I also enjoy cooking with her sometimes.
本当だ！わかりやすくなったね！

以下の❶❷の問題について，下線部にあなたの考えを書きなさい。

❶

> ●あなたは，外国人の友達から以下のQUESTIONをされました。
> ●QUESTIONについて，あなたの考えとその理由を<u>2つ</u>英文で書きなさい。
> ●語数の目安は25語 ～ 35語です。
>
> QUESTION
> **_Which do you like better, online classes or face-to-face classes?_**
> （あなたはオンライン授業と対面授業のどちらのほうが好きですか。）

I like _____ better.

(I have　two reasons.)

First, _____

_____

Second, _____

_____

❷

> ●あなたは，外国人の友達から以下のQUESTIONをされました。
> ●QUESTIONについて，あなたの考えとその理由を<u>2つ</u>英文で書きなさい。
> ●語数の目安は25語 ～ 35語です。
>
> QUESTION
> **_Which do you like better, watching sports on TV or at the stadium?_**
> （あなたはスポーツをテレビで見るのとスタジアムで見るのとでは，どちらのほうが好きですか。）

_____

_____

_____

_____

_____

_____

答え ▶ 別冊 p.22 ～ 23

36 Doで始まる疑問文の問題

月 / 日

📖 よんでわかる

1 理由を書きやすいと思ったことを書こう

●あなたは，外国人の友達から以下のQUESTIONをされました。
●QUESTIONについて，あなたの考えとその理由を2つ英文で書きなさい。
●語数の目安は25語～35語です。

QUESTION
Do you like taking pictures? （あなたは写真を撮ることが好きですか。）

[解答例]

Yes. I like taking pictures. First, it's fun because I go to many different places to take pictures. Also, I can record my important memories so I can always remember them. （計31語）

[和訳]

はい。私は写真を撮ることが好きです。まず，私は写真を撮るために多くの異なる場所に行くので楽しいです。また，大切な思い出を記録しておけるのでいつでも思い出せます。

2 採点の観点：(3)語い(4)文法：適切な語いや，さまざまな構文を正しく使えているか

[減点例]

No. I don't like take pictures because I have alredy much
（taking）　　　　　　　　（already have）（many）

photos and have no space in my smartphon store it. Also, I'm
（smartphone）（to store）（them）

not good of taking pictures and I'm not interest pictures.
（good at）　　　　　　　　　　（interested in）

（いいえ。私は写真を撮ることが好きではありません。なぜならすでにたくさんの写真を持っていて，スマートフォンに保存するスペースがないからです。　また，写真を撮るのが苦手で，写真に興味がありません。）

> 文法のほか単語のスペルミスや熟語の間違いなども
> 減点されるのでしっかり正しく覚えよう！

以下の①②の問題について，下線部にあなたの考えを書きなさい。ただし，①の最初の（　）内はあなたの考えに合うものを丸で囲みなさい。

①

●あなたは，外国人の友達から以下のQUESTIONをされました。
●QUESTIONについて，あなたの考えとその<u>理由を２つ</u>英文で書きなさい。
●語数の目安は25語 〜 35語です。

QUESTION
Do you like to travel? （あなたは旅行に行くことが好きですか。）

（　Yes, I do.　／　Yes.　／　No, I don't.　／　No.　）
(There are two reasons.)
First, _____

_____

Second, _____

_____

②

●あなたは，外国人の友達から以下のQUESTIONをされました。
●QUESTIONについて，あなたの考えとその<u>理由を２つ</u>英文で書きなさい。
●語数の目安は25語 〜 35語です。

QUESTION
Do you want to live abroad? （あなたは海外に住みたいですか。）

_____

_____

_____

_____

_____

_____

答え ▶ 別冊 p.23

4章

ライティング

ホントにわかる 確認のテスト⑦

月　　　日

1

●あなたは，外国人の友達から以下のQUESTIONをされました。
●QUESTIONについて，あなたの考えとその<u>理由を２つ</u>英文で書きなさい。
●語数の目安は25語 〜 35語です。
●解答は解答欄に書きなさい。なお，<u>解答欄の外に書かれたものは採点されません。</u>
●解答がQUESTIONに対応していないと判断された場合は，<u>０点と採点されること</u>
　<u>があります。</u>QUESTIONをよく読んでから答えてください。

QUESTION
What do you enjoy doing at school? （あなたは学校では何をして楽しんでいますか。）

〔解答欄〕

_____

_____

_____

_____

_____

_____

_____

_____

_____

2

●あなたは，外国人の友達から以下のQUESTIONをされました。

●QUESTIONについて，あなたの考えとその理由を2つ英文で書きなさい。

●語数の目安は25語 ～ 35語です。

●解答は解答欄に書きなさい。なお，解答欄の外に書かれたものは採点されません。

●解答がQUESTIONに対応していないと判断された場合は，0点と採点されることがあります。QUESTIONをよく読んでから答えてください。

QUESTION

Which do you like better, living in a big city or in a place with a lot of nature?

（あなたは大都市に住むのと自然豊かな場所に住むのと，どちらのほうが好きですか。）

［解答欄］

_____

_____

_____

_____

_____

_____

_____

_____

答え ▶ 別冊 p.23 ～ 24

37 リスニング はじめに

月 / 日

 よんでわかる

1 リスニングテストの対策とポイント

耳を英語に慣れさせておくことが大切。できるだけ多く英語の音声を聞こう！

勉強中は，英文を聞くだけでなく，シャドーイング（少しあとから音声についていくように英語を声に出してリピートすること）をすると，英語を聞いて理解する力を高めることができるよ！

試験前に，実際に過去問や練習問題を解いて，問題の形式に慣れておこう。

リスニング問題は，第1部・第2部・第3部で構成されているよ。それぞれの形式と特徴を知っていれば，本番の試験でもあわてずに問題が解けるね！

2 出題形式とポイント　第1部

第1部：イラスト形式。A–B–Aの対話を聞き，最後のAの発話への適切な応答を選ぶ。対話は1度だけ放送される。

 読まれる英文

A: It's cold today.（今日は寒いな。）

B: You should wear a coat to school.
（学校にはコートを来ていくべきよ。）

A: Where is it, Mom?（それはどこにあるの，お母さん？）

  1 It's warm and nice.（あたたかくて気持ちがいいわね。）

  2 Look in your closet.（クローゼットの中を見なさい。）

  3 There is your shirt.（あなたのシャツがあるわ。）

正解　**2**

対話を聞くチャンスは1度だけ。最後の文は特に注意して聞こう！

 ポイント　｜　対話の最後の文はWhere 〜？　と場所を尋ねる疑問文になっている。

3 出題形式とポイント　第2部

第2部：A-B-A-Bの対話とその内容に関する質問を聞き，質問の答えとして最も適切なものを選ぶ。対話は2度放送される。

🔊 読まれる英文

A: Jenny, what happened to your leg?

（ジェニー，足をどうしたの？）

B: I hurt it while skiing yesterday.

（昨日，スキーをしているときにケガしたの。）

A: That's too bad. I'll carry your bag for you.

（それはお気の毒に。ぼくが君のかばんを持つよ。）

B: Thank you, Dan.（ありがとう，ダン。）

Question: What did Jenny do yesterday?

（質問：ジェニーは昨日，何をしましたか。）

1 She bought a bag.
2 She went skiing.
3 She helped Dan.
4 She hurt her arm.

1 彼女はかばんを買った。
2 彼女はスキーに行った。
3 彼女はダンを手伝った。
4 彼女は腕をけがした。

正解 **2**

対話の内容の一部に関して質問されることが多いよ。

ポイント 放送は2度流れるので，2度目は質問文で読まれた**What, do, yesterday**という言葉に注意して対話を聞く。**I hurt it**の**it**は**leg**（足）のことを指している。

4 出題形式とポイント　第3部

第3部：英文（自分について語ったもの／第三者について語ったもの／アナウンス）と，その内容に関する質問を聞き，質問の答えとして最も適切なものを選ぶ。英文は2度放送される。

🔊 読まれる英文

I traveled to Europe last year. Spain was my favorite country. I loved the food there. Italy and France were also nice. In those two countries, I enjoyed shopping. I'll visit England next year.

（私は昨年，ヨーロッパを旅した。スペインがいちばん好きな国だった。食べ物がとてもおいしかった。イタリアとフランスもよかった。その2か国ではショッピングを楽しんだ。来年はイギリスを訪れようと思う。）

Question: Where did the woman enjoy food?

（質問：女性はどこで食べ物を楽しんだか。）

1 Spain
2 Italy
3 France
4 England

1 スペイン
2 イタリア
3 フランス
4 イギリス

正解 **1**

選択肢を見て，何に注意して聞くべきか予想を立てて英文を聞こう！

ポイント 英文中に同じ種類の情報が多く出てきた場合は，そのどれかが答えになることが多いので，質問で何を聞かれているかをしっかり聞き取ることが大切。

5章

リスニング

38 リスニング 第1部①

📖 よんでわかる

1 疑問詞で始まる疑問文への応答

疑問詞の形で答える内容が決まる！

Where 〜 ?→「場所」, What 〜 ?→「もの, こと」, When 〜 ?→「時」, Why 〜 ?→「理由」,
How 〜 ?→「手段」, How often 〜 ?→「頻度」, How many (much) 〜 ?→「数, 量」

🔊 読まれる英文

A: Are you going to the new shopping center?
（新しいショッピングセンターに行くの？）

B: Yeah.（ええ。）

A: How will you get there?（どうやって行くの？）

　1 It takes about 30 minutes.（約30分かかるわ。）
　2 I'm going to take the bus.（バスに乗る予定よ。）
　3 I'll buy some clothes.（洋服を買うつもりよ。）

正解 **2**

How「どうやって」と手段がきかれているよ。
どんな疑問詞が使われているかが大きなヒントになるね！

2 疑問詞がない疑問文への応答

疑問詞を使わない疑問文では, さまざま答え方が考えられる！

質問	応答
Did you study for a long time? （あなたは長い時間勉強しましたか。）	・Yes, of course.（はい, もちろん。） ・For about two hours.（2時間ほどしました。）

質問	応答
Was the movie interesting? （その映画はおもしろかったですか。）	・Not so much.（それほどでもなかったです。） ・More than I expected.（期待以上でした。）

Yes／Noで答えられる疑問文でも, 応答ではYes／Noを
言わない答え方をしている場合も多いので注意しよう！

イラストを参考にしながら対話と応答を聞き，最も適切な応答を**1**，**2**，**3**の中から一つ選びなさい。

No.1

No.2

No.3

No.4

No.5

月 / 日

よんでわかる

1 許可・依頼・勧誘・感想への応答

対話では以下の表現がよく使われる！

〈許可を求める〉
Can[Could] I 〜 ?（〜してもいいですか。）

〈依頼する〉
Can[Could] you 〜 ?（〜してもらえますか。）

〈誘う〉
How about 〜 ?／Why don't we 〜 ?
（〜するのはどうですか。）

〈提案する〉
Shall we 〜 ?／Let's 〜 .（〜しましょう。）

〈感想を聞く〉
How was 〜 ?（〜はどうでしたか。）
What do you think about[of] 〜 ?
（〜についてどう思いますか。）

質問	応答
Why don't we have lunch together?（いっしょにお昼を食べませんか。）	・Sorry, I'm busy now.（ごめんなさい, 今忙しいです。）○ ・That's a good idea.（いい考えですね。）○ ・Sounds nice.（いいですね。）○ ・This soup is delicious.（このスープはおいしい。）×

さまざまな答え方が予想されるよ。たずねられている内容に合った応答を探そう！

2 最後の発話が疑問文ではない場合

🔊 読まれる英文

A: **Excuse me, what time is the next train?**
（すみません, 次の電車は何時ですか。）

B: **Which train will you take?**（どの電車に乗りますか。）

A: **The one that goes to Central Station.**
（セントラル駅行きです。）

1 That's not correct.（それは正しくありません。）

2 I rode it for two hours.（私はそれに2時間乗りました。）

3 It'll leave at 10:30.（それは10時半に出発します。）

正解 **3**

対話の内容と流れをよくつかむ必要があるよ。

といて わかる

イラストを参考にしながら対話と応答を聞き，最も適切な応答を**1，2，3**の中から一つ選びなさい。

No.1

No.2

No.3

No.4

No.5

5章

リスニング

答え ▶ 別冊 p.25 〜 26

月
日

📖 よんで わかる

1 1回目の放送の聞き方

問題と問題の間に10秒の解答時間がある。音声が流れる前に

4つの選択肢に目を通しておこう！

〈選択肢の例〉

1 Meet Mr. Smith.（スミスさんに会う。）

2 Go home.（家に帰る。）

3 Finish her meeting.（会議を終わらせる。）

4 Visit the post office.（郵便局を訪れる。）

左の選択肢は，全部，違う動詞で始まっているね。ここから「何をするか」と聞かれるかもしれないと予測できそうだね。

1回目の放送では，おおよその内容と質問を理解する！

〈質問の例〉

Question: What is the woman going to do at four?

（質問：女性は4時に何をしますか。）

2回目は質問でたずねられていることに集中して聞こう！

2 2回目の放送の聞き方

2回目の放送では質問に関係する部分を重点的に聞く！

質問に関係する情報を2回目の放送でしっかりと確認しよう！

🔊 読まれる英文

A: Are you going to visit Mr. Smith's office?（スミスさんの事務所を訪問する予定ですか。）

B: Yes, at four o'clock.（はい，4時に。）

A: You also have a meeting from two, don't you?

（あなたは2時から会議もあるんじゃないですか？）

B: Right. But I'm sure it'll finish in an hour.（そうですね。でも，きっと1時間で終わると思いますよ。）

Question: What is the woman going to do at four?

（質問：女性は4時に何をする予定ですか。）

1 Meet Mr. Smith.（スミスさんに会う。）

2 Go home.（家に帰る。）

3 Finish her meeting.（会議を終わらせる。）

4 Visit the post office.（郵便局を訪れる。）

聞くポイント（4時に何を）が前もってわかっていると正解にたどり着きやすくなるね！

正解 **1**

対話と質問を聞き，その答えとして最も適切なものを1，2，3，4の中から一つ選びなさい。

No.1

   1 At school.

   2 At the park.

   3 At the station

   4 At Jack's house.

No.2

   1 Write a history report.

   2 Go to the aquarium.

   3 Study together.

   4 Go shopping.

No.3

   1 Sarah's.

   2 Sarah's brother's.

   3 Sarah's sister's.

   4 Sarah's mother's.

No.4

   1 $20.

   2 $32.

   3 $42.

   4 $53.

No.5

   1 One month ago.

   2 Three months ago.

   3 Six months ago.

   4 One year ago.

5章 リスニング

答え ▶ 別冊 **p.26 ～ 28**

📖 **よんでわかる**

1 選択肢から質問を予測する

選択肢の例	予想される質問
〈回数，頻度，数，量〉 **1** Once. **2** Twice. **3** Three times. **4** Four times. **1** Two. **2** Ten. **3** Twenty. **4** Fourty.	How often ～ ?　How many times ～ ? How many ～ ?
〈所有格〉 **1** John's. **2** Tom's. **3** Mike's. **4** His father's.	Whose ～ ?
〈名詞〉 **1** A book. **2** A bag. **3** A hat. **4** A T-shirt. **1** A chef. **2** A scientist. **3** A doctor. **4** A musician.	What ～ ?　Which ～ ? Who ～ ?
〈時間，前置詞＋名詞〉 **1** 5:00 p.m. **2** 6:00 p.m. **3** 7:00 p.m. **4** 8:00 p.m. **1** By car. **2** By train. **3** On foot. **4** By bus. **1** At school. **2** In the park. **3** At home. **4** At the gym.	When ～ ?　What time ～ ? How ～ ? Where ～ ?
〈動詞の原形＋名詞〉 **1** Study math. **2** Eat lunch. **3** Go shopping. **4** Watch a movie.	What will he do? What does she want to do?
〈主語＋動詞の過去形〉 **1** He bought a camera. **2** He took pictures. **3** He lost his camera. **4** He met his friend.	What did the man do?　Why ～ ?

2 質問の種類

質問には大きく分けて２つの種類がある！

こちらのパターンの方が多いよ。

① 対話の一部の内容に関する質問

> What will they do on weekend?　How will they go to the park?
> Why is the girl happy?　Where is Ken going?　What is the boy's problem? など

② 対話全体の内容に関する質問

> What are they talking about?　Where are they talking? など

A: **What are you watching?**
B: **The DVD I borrowed from Emily.　It's so funny.**
A: **Oh, is it a comedy movie?**
B: **Yes. I'm sure you'll like it. Let's watch it together.**
Question: **What are they talking about?**

1 A DVD.
2 A report.
3 A comic book.
4 A pet.

正解 **1**

といてわかる

対話と質問を聞き，その答えとして最も適切なものを1，2，3，4の中から一つ選びなさい。

No.1

1 To run.

2 To swim.

3 To get his towel.

4 To buy a swimsuit.

No.2

1 Stormy.

2 Windy.

3 Cloudy.

4 Rainy.

No.3

1 She is sick.

2 She is hungry.

3 Her leg hurts.

4 Her head hurts.

No.4

1 The guitar.

2 The drums.

3 The piano.

4 The violin.

No.5

1 Watching TV.

2 Interviewing people.

3 Making a cake.

4 Walking on the street.

答え ▶ 別冊 p.28 〜 29

42 リスニング 第3部①

 よんでわかる

1 英文の特徴1

英文は，人物の日常の出来事などに関する内容がほとんどで，主語が1人称(Iや We)の場合と，3人称(人名など)の場合がある。

> リスニング第3部は多くが，人物に関する内容の問題だよ！

〈英文の始まりの例〉

主語が1人称の場合

・**I usually wake up at six in the morning. ...** (私はいつも朝，6時に起きる。…)

・**Most of my friends have cats or dogs, but we don't have any pets in our house. ...** (私の友人の多くがネコや犬を飼っているが，我が家ではペットを飼っていない。…)

主語が3人称の場合

・**Amy likes to draw pictures in her free time. ...** (エイミーはひまなときに絵を描くのが好きだ。…)

・**Last night, Alex and his friend went to see a basketball game. ...**
(昨晩，アレックスと彼の友人はバスケットボールの試合を見に行った。…)

2 英文の特徴2

人物に関する内容のほかに，店内・館内アナウンス，ツアーガイド，学校の校内放送などがある。

〈アナウンスの冒頭でよく使われる表現〉

・Attention, 〜 .「〜にお知らせします。」 ・Welcome to 〜！「〜へようこそ！」

・Good morning[afternoon], everyone.「おはようございます[こんにちは]，皆さん。」

🔊 読まれる英文

Attention, shoppers! Today, we've got fresh fruits such as pineapples and oranges. Also, many kinds of drinks are sold at half price. Thank you for shopping at Gibson's.

(お買い物中の皆様にお知らせいたします。本日は，パイナップルやオレンジなどの新鮮なフルーツがそろっています。また，多くの種類の飲み物が半額で売られています。ギブソンズでお買い物をしていただきありがとうございます。)

Question: Where is the man talking? (男性はどこで話をしていますか。)

1 At a bakery. (パン店で。)

2 At an airport. (空港で。)

3 At a supermarket. (スーパーで。)

4 At a farm. (農場で。)　　正解 **3**

> これは英文全体の内容を問うパターンの問題だね。

といてわかる

　英文と質問を聞き，その答えとして最も適切なものを1，2，3，4の中から一つ選びなさい。

No.1

　　1　Her teacher.

　　2　Her mother.

　　3　Her friends.

　　4　Her brother.

No.2

　　1　A bag.

　　2　A sweater.

　　3　A book.

　　4　A flower.

No.3

　　1　Once a week.

　　2　Twice a week.

　　3　Three days a week.

　　4　Four days a week.

No.4

　　1　For a soccer game.

　　2　To visit famous places.

　　3　For her job.

　　4　To enjoy a festival.

No.5

　　1　He works at a museum.

　　2　He paints pictures.

　　3　He teaches science.

　　4　He makes medicine.

5章

リスニング

答え ▶ 別冊 p.29 〜 30

43 リスニング 第3部②

よんでわかる

1 英文の特徴3

1. 文と文をつなぐbecause，so，butなどがよく出てくる。becauseやso
   のあとに書かれてある内容はWhy 〜 ?の質問の答えのカギとなることが多
   い。butも，そのあとの内容が質問で問われることが多い。

2. 同じ種類の情報が複数出てきて，その中の1つが答えになっているパターン
   が多い。

〈問題の例〉

**Greg likes to eat out on weekends. He usually eats lunch at a Chinese or a
Korean restaurant near his house. But, they were both closed last weekend. So
he ate at a Japanese restaurant instead, and he enjoyed it a lot.**

（グレッグは週末に外食するのが好きだ。いつもは家の近くの中華料理店か韓国料理店で昼食をとる。しかし，先週末は
両方とも閉まっていた。そこで，彼は代わりに日本食レストランで食事をし，とてもおいしく食べた。）

Question: Where did Greg have lunch last weekend?

（グレッグは先週末，どこで昼食を食べたか。）

1 At a Chinese restaurant.　　**2** At a Korean restaurant.
3 At his house.　　　　　　　**4** At a Japanese restaurant.　　　　正解 **4**

2 選択肢と質問文

1. 第2部と同様に，問題と問題の間に10秒の間隔があるので，4つの選択肢に
   目を通して質問の内容を予想しておく。

2. 質問文は第2部と比べると，やや長いものが多い。

〈質問文の例〉
How many times has the man been to New Zealand?
Why will the Kevin's sister go to the shopping mall?
What happened when the boy went to the park?

長いから，文の初め
にある疑問詞を聞き
取ったら，忘れない
ようにしないとね。

3. 注意したい質問文

〈want＋人＋to不定詞〉「（人）に〜してもらいたい」 ／ 〈ask＋人＋to不定詞〉「（人）に〜するように頼む」

〈質問文の例〉
What does the boy want his mother to do?（男の子は母親に何をしてもらいたいですか。）

↘「母親にしてもらいたいこと」を聞き取る。

英文と質問を聞き，その答えとして最も適切なものを1，2，3，4の中から一つ選びなさい。

No.1

   1 Study.

   2 Borrow a DVD.

   3 Return a book.

   4 Have lunch.

No.2

   1 At a restaurant.

   2 At a supermarket.

   3 On a plane.

   4 On a ship.

No.3

   1 The red ones.

   2 The black ones.

   3 The purple ones.

   4 The white ones.

No.4

   1 On Sundays.

   2 On Mondays.

   3 On Wednesdays.

   4 On Saturdays.

No.5

   1 Her doctor.

   2 Her teacher.

   3 Her friend.

   4 Her aunt.

5章 リスニング

答え ▶ 別冊 p.30 〜 32

第1部

　イラストを参考にしながら対話と応答を聞き，最も適切な応答を1，2，3の中から一つ選びなさい。

No.1

No.2

No.3

No.4

第2部

　対話と質問を聞き，その答えとして最も適切なものを1，2，3，4の中から一つ選びなさい。

No.5
1　Go to a party.
2　Meet Ben.
3　Buy a present.
4　Go to Ben's house.

No.6
1　A hamburger.
2　Some chicken.
3　A steak.
4　Some cake

No.7

1 Janet's coach.
2 Janet's friend.
3 Janet's sister.
4 Janet's brother.

No.8

1 Get off the train.
2 Go to the station.
3 Take the bus.
4 Enjoy the concert.

No.9

1 Sunday.
2 Monday.
3 Tuesday.
4 Wednesday.

No.10

1 For four years.
2 For five years.
3 For nine years.
4 For ten years.

第3部

英文と質問を聞き，その答えとして最も適切なものを1，2，3，4の中から一つ選びなさい。

No.11

1 Two months ago.
2 Four months ago.
3 One year ago.
4 Three years ago.

No.12

1 Clean the car.
2 Do the dishes.
3 Help her shop.
4 Clean the house.

No.13

1 Colleges in Korea.
2 Korean culture.
3 His cousin in Korea.
4 Studying in Korea.

No.14

1 To the sea.
2 To the fishing pond.
3 To the riverside.
4 To the sandwich shop.

No.15

1 At school.
2 At an airport.
3 At a supermarket.
4 At a bus station.

No.16

1 It was too long.
2 He woke up late.
3 He had a headache.
4 He fell asleep.

答え ▶ 別冊 p.32 〜 36

5章

リスニング

模擬試験

1 次の(1)から(15)までの(　　　)に入れるのに最も適切なものを
1，2，3，4の中から一つ選びなさい。

(1)　**A:** Are you going to (　　) the basketball club?
　　 B: Yes. That's my favorite sport.

　　 1 leave　　　　 **2** move　　　　 **3** join　　　　 **4** drive

(2)　**A:** I will go to the new (　　). Do you want to come with me?
　　 B: Yes, I'd love to. I want to see the dolphin show.

　　 1 stadium　　　 **2** aquarium　　 **3** shape　　　 **4** capital

(3)　**A:** Would you like another piece of pizza?
　　 B: No, thanks. I'm already (　　).

　　 1 angry　　　　 **2** local　　　　 **3** thirsty　　　 **4** full

(4)　**A:** Can I see your student card? I need to check your name and (　　).
　　 B: OK. Here you are.

　　 1 line　　　　　 **2** air　　　　　 **3** statue　　　 **4** age

(5)　**A:** Excuse me, how many books can I (　　) from this library?
　　 B: Five books. You can keep them for ten days.

　　 1 borrow　　　 **2** lend　　　　 **3** bring　　　 **4** steal

(6)　**A:** Have you finished your breakfast, Betty?
　　 B: No. I'm (　　) eating, Mom.

　　 1 still　　　　　 **2** ever　　　　 **3** else　　　　 **4** away

(7) **A:** I don't know this game, Rick. Can you ( ) the rules?
  B: Sure, Andy. No problem.

  1 ask   **2** wake   **3** sell   **4** explain

---

(8) The homework Mr. Baker gave us is a ( ) difficult. I need someone's help.
  1 little   **2** less   **3** many   **4** more

---

(9) My hobby is cooking. When I was little, my grandmother often taught me ( ) to make a cake.
  1 why   **2** what   **3** how   **4** who

---

(10) **A:** Do you like climbing mountains?
  B: No, I don't like it at ( ) because I get too tired.

  1 every   **2** best   **3** all   **4** each

---

(11) Ann was ( ) from school yesterday because she had a bad headache. She also had a high fever.
  1 serious   **2** familiar   **3** absent   **4** expensive

---

(12) Michael has been practicing tennis very hard for two years. ( ) last, he won first place at the tennis competition yesterday.
  1 On   **2** At   **3** By   **4** Of

---

(13) **A:** Do you know the boy ( ) with Jenny?
  B: Yes. He is from England. He will study with us for two months.

  1 talked   **2** talking   **3** talk   **4** talks

---

(14) **A:** I like this song very much.
  B: Oh, I know this song. It is ( ) in many countries.

  1 sing   **2** sang   **3** sung   **4** singing

---

(15) Students ( ) want to go to the ski camp must come to the cafeteria after school.
  1 who   **2** whose   **3** what   **4** why

答え ▶ 別冊 p.36 ～ 37

2 次の(16)から(20)までの会話について，（　　　）に入れるのに最も適切なものを**1，2，3，4**の中から一つ選びなさい。

---

(16) **Woman**: Hi, Robert. Do you remember we have Lisa's birthday party tomorrow?
    Man: (　　) I have already bought a present for her.

1 I'm not sure.　　　　　　　　　2 I missed it.
3 Of course.　　　　　　　　　　4 That's all.

---

(17)   **Man**: Have you decided on your plan for the winter vacation? I'll visit Canada.
  Woman: That's great. (　　)
    Man: No, I don't. I'm going to get it this weekend.

1 Do you like winter?　　　　　　2 Do you speak French?
3 Do you enjoy skiing?　　　　　　4 Do you have a passport?

---

(18) **Woman**: The movie will start in 15 minutes. We must hurry.
    Man: How far away is the theater?
  Woman: (　　) Well..., it's about one kilometer from here. I think we should take a taxi.

1 I'll look at the map.　　　　　　2 I'm coming.
3 I have never been there.　　　　　4 I hope you know it.

---

(19) **Girl**: What do you want to do in the future?
  Boy: I want to be a junior high school teacher.
  Girl: (　　) Which subject do you want to teach?

1 Sorry, I can't.　　　　　　　　2 That sounds nice.
3 Thank you for asking.　　　　　4 I'm a high school student.

---

(20)   **Son**: Mom, can you drive me to the library now?
  Mother: Sure, but why?
    Son: Because (　　) I want to prepare for it.

1 I need some books for the speech contest next week.
2 I'm going to meet a friend there.
3 I'm going to return the books.
4 I like speaking better than reading.

Important Notice for Club Members

Our Mia Evans is going to play at the
State Chess Tournament held on November 15!

We are going to have a party to show our support for Mia.

Date: November 11
Place: Cafeteria

At the party, we will give her a small gift.
Please give $3 to the coach by November 4. He will get something nice and a message card with the money.

Mia will play two fun matches at the party.
She will be given less time to think than the other players.

The players are:

  Mr. Sean Baker (from the cafeteria)
  Ms. Christy Long (from the library)

They are very excited and are practicing for the matches. Please give them your best advice at the matches!

（21）What is this notice about?
   1 Information about chess matches.
   2 A party to encourage Mia.
   3 Chess matches played between club members.
   4 How to use the cafeteria and the library.

- -

（22）What will happen on November 11?
   1 A chess tournament will be held.
   2 Mia will receive a present.
   3 The coach will collect money from the club members.
   4 Mr. Baker and Ms. Long will give some advice to the club members.

次のEメールの内容に関して，(23)から(25)までの質問に対する
答えとして最も適切なものを1，2，3，4の中から一つ選びなさい。

From : Julie Arnold
To : Patty Nakamura, Tina Hart
Date : January 25
Subject : Concert

Hi, Patty and Tina,
Are you free this weekend? There will be an interesting concert at the Spencer Hotel on Sunday at 2:30. Why don't we have lunch together and then go to the concert? My mother's company planned this concert as their 10th anniversary project,* and they invited a music group from Poland.* They will sing, dance, and play instruments* from Poland. They are staying at the homes of the company workers. A little girl and her mother came to my house last week, and they are staying with us now. They are both members of the group. The girl dances and the mother plays an instrument called the "hurdy-gurdy." We communicate with each other in English.
Your friend,
Julie

From : Patty Nakamura
To : Julie Arnold, Tina Hart
Date : January 25
Subject : I'm free!

Sounds interesting! Can I meet the mother and the girl? I've never talked with someone from Poland. It would be interesting to spend some time together! I have to finish Ms. Miller's homework this weekend, but I think I can finish it by Saturday. I'm going to make lunch for my little sister and eat with her on Sunday because my mom will be working until 1:00 p.m. I'll meet you at the hotel at 2:15 p.m.
See you soon,
Patty

From : Tina Hart
To : Julie Arnold, Patty Nakamura
Date : January 25
Subject : I'm free, too!

Hi,

Patty's idea is nice! I was thinking about the same thing. Can we meet them? Oh, I am also free this weekend, and I can have lunch with you, too. Can we go to the restaurant we tried last Saturday? The chicken salad was good, but I want to try their famous hamburger this time. Let's meet at the station, and we can walk to the restaurant together from there.

I can't wait!

Tina

*10th anniversary project「10周年記念プロジェクト」   *Poland「ポーランド」   *instrument「楽器」

(23) What did Julie do last week?
   1 She went to the concert at the Spencer Hotel.
   2 She invited her company workers to her house.
   3 She met a girl and her mother from Poland.
   4 She spoke the language of Poland.

(24) Patty won't go to lunch on Sunday because she
   1 wants to do the homework given by Ms. Miller.
   2 has never talked with people from a foreign country.
   3 needs to take care of her sister.
   4 has to go to the hotel by 2 :15 p.m.

(25) Tina wants to
   1 be free on Sunday.
   2 talk with the people from Poland.
   3 meet Julie at the hotel on Sunday.
   4 have chicken salad at the restaurant near the station.

答え ▶ 別冊 p.38 〜 39

次の英文の内容に関して，（26）から（30）までの質問に対する答えとして最も適切なもの，または文を完成させるのに最も適切なものを 1，2，3，4の中から一つ選びなさい。

Wonderful Mushrooms

There are many dishes in the world that use mushrooms in them. They are delicious and good for our health, but surprisingly, mushrooms are also good for the environment. Researchers say that mushrooms may solve some of the problems we have today.

Experts* believe that mushrooms are the most environment-friendly food. Many farmers use waste materials* for mushroom beds. Those beds become the mushrooms' food. Because of this, waste materials can be reduced*. Also, farmers don't need big places to grow mushrooms. That is helpful because trees don't have to be cut down to grow mushrooms. Forests are very important in our environment, but many forests have been destroyed to make farms for other kinds of vegetables and fruits.

In 2011, researchers found that some kinds of mushrooms eat plastic and grow. This is very good news for us because we have serious problems with plastic waste. We have made more than 9,000,000,000 tons of plastic since the 1950s. It is as heavy as 1,565 Pyramids of Khufu,* and that pyramid is one of the heaviest buildings in the world. 79% of the plastic we have made is now in landfills* or the ocean. Plastic-eating mushrooms may reduce the plastic in those places.

Some companies have also invented packaging* materials made from mushrooms. About 40% of the plastic we have made is used for packages. We can use mushrooms instead.

Mushrooms may be able to make the environment better with many other technologies. We must keep finding a way to solve problems in our environment if we want to continue living on the earth.

*expert「専門家」   *material「素材，材料，原料」   *reduce「〜を減らす」
*Pyramid of Khufu「クフ王のピラミッド」   *landfill「埋め立て式ごみ処理場」   *packaging「梱包」

(26) To make mushroom farms, famers may
    1 talk with experts.
    2 use garbage.
    3 cut down trees.
    4 grow other kinds of vegetables.

(27) Why does the writer talk about the Pyramid of Khufu?
    1 To explain how much plastic waste is in landfills.
    2 To explain that it's heavier than the plastic we have made.
    3 To explain that it's the heaviest building in the world.
    4 To explain how much plastic we've produced.

(28) What is true about plastic?
    1 It gave us good news.
    2 It keeps forests from being destroyed.
    3 Some of it went to the sea.
    4 Most of it was used only once.

(29) What did some companies invent?
    1 Mushrooms that eat plastic waste.
    2 A special kind of mushroom.
    3 Materials to wrap things.
    4 Plastic that can be used many times.

(30) What is this story about?
    1 Some studies about kinds of mushroom.
    2 How to grow mushrooms without problems.
    3 How mushroom farms can make money.
    4 The ways mushrooms can help us with environment problems.

答え ▶ 別冊 **p.39 ～ 41**

ライティング

●あなたは，外国人の友達から以下のQUESTIONをされました。

●QUESTIONについて，あなたの考えとその<u>理由を２つ</u>英文で書きなさい。

●語数の目安は25語〜35語です。

●解答がQUESTIONに対応していないと判断された場合は，<u>０点と採点されることがあります。</u>QUESTIONをよく読んでから答えてください。

QUESTION

Which do you like better, mountains or oceans?

Memo

答え ▶ 別冊 **p.41**

Listening Test

3級リスニングテストについて

❶ このテストには，第1部から第3部まであります。
　★英文は第1部では一度だけ，第2部と第3部では二度読まれます。

第1部	イラストを参考にしながら対話と応答を聞き，最も適切な応答を，**1**，**2**，**3**の中から一つ選びなさい。
第2部	対話と質問を聞き，その答えとして最も適切なものを，**1**，**2**，**3**，**4**の中から一つ選びなさい。
第3部	英文と質問を聞き，その答えとして最も適切なものを，**1**，**2**，**3**，**4**の中から一つ選びなさい。

❷ No. 30のあと，10秒すると試験終了の合図がありますので，
　筆記用具を置いてください。

第1部

No.1

No.2

No.3

No.4

No.5

No.6

No.7

No.8

No.9

No.10

答え ▶ 別冊 p.41 ～ 43

No.11
1 Paying money.
2 Getting a taxi.
3 Buying bread.
4 Asking the way.

No.12
1 In the kitchen.
2 In a restaurant.
3 In a supermarket.
4 In a cafeteria.

No.13
1 Once a week.
2 Twice a week.
3 Three times a week.
4 Four times a week.

No.14
1 Bill.
2 Emma.
3 Their father.
4 Their mother.

No.15
1 At school.
2 At the library.
3 At Mark's house.
4 At Lisa's house.

No.16
1 He is not going to the party.
2 He can't sing well.
3 Melissa didn't ask him.
4 He can't think of a good song.

No.17
1 A nurse.
2 A pet shop worker.
3 An animal doctor.
4 A dog trainer.

No.18
1 Two years ago.
2 Last year.
3 In January.
4 Last month.

No.19
1 Their teacher.
2 Daniel's class.
3 A math problem.
4 Tests.

No.20
1 Spring.
2 Summer.
3 Fall.
4 Winter.

No.21
1 Go to the bank.
2 Clean the house.
3 Buy some food.
4 Invite her to a party.

No.22
1 In April.
2 In May.
3 In July.
4 In August.

No.23
1 At the daughter's school.
2 In the school gym.
3 At his office.
4 In the city hospital.

No.24
1 $30.
2 $70.
3 $100.
4 $150.

No.25
1 He hasn't done his homework.
2 He missed his favorite TV show.
3 He doesn't want to practice the piano.
4 He is too tired to go to school.

No.26
1 He was using a computer.
2 He was reading a comic book.
3 He was playing a video game.
4 He was having dinner.

No.27
1 Sunny and cold.
2 Cloudy and cold.
3 Rainy and warm.
4 Sunny and warm.

No.28
1 His teacher.
2 His friends.
3 His father.
4 His mother.

No.29
1 Thirty minutes.
2 Forty-five minutes.
3 An hour.
4 An hour and a half.

No.30
1 France.
2 Italy.
3 The U.S.
4 Australia.

答え ▶ 別冊 p.43 〜 48

変化形のつくり方

❶ 名詞の複数形

	▼ 変化の仕方	▼ 例
下記以外の名詞	s をつける	book ➡ books [s] pen ➡ pens [z] orange ➡ oranges [iz]
s, x, sh, ch で終わる名詞	es をつける	glass ➡ glasses [iz]
<子音字※＋ o >で終わる名詞	es をつける	tomato ➡ tomatoes [z]
<子音字＋ y >で終わる名詞	y を i に変えて es をつける	cherry ➡ cherries [z]
f または fe で終わる名詞	f, fe を v に変えて es をつける	leaf ➡ leaves [z]

※子音字＝母音字(a, e, i, o, u)以外の

❷ 3人称・単数・現在の動詞の形

	▼ 変化の仕方	▼ 例
下記以外の動詞	s をつける	like ➡ likes [s] play ➡ plays [z]
s, o, x, sh, ch で終わる動詞	es をつける	go ➡ goes [z] teach ➡ teaches [iz]
<子音字＋ y >で終わる動詞	y を i に変えて es をつける	study ➡ studies [z]

❸ 動詞の ing 形

	▼ 変化の仕方	▼ 例
下記以外の動詞	ing をつける	play ➡ playing
e で終わる動詞	e をとって ing をつける	take ➡ taking
<短母音＋子音字>で終わる動詞	最後の文字を重ねて ing をつける	swim ➡ swimming

❹ 動詞の過去形（規則動詞）

	▼ 変化の仕方	▼ 例
下記以外の動詞	ed をつける	play ➡ played [d] cook ➡ cooked [t] want ➡ wanted [id]
e で終わる動詞	d をつける	arrive ➡ arrived [d]
<短母音＋子音字>で終わる動詞	最後の文字を重ねて ed をつける	stop ➡ stopped [t]
<子音字＋ y >で終わる動詞	y を i に変えて ed をつける	study ➡ studied [d]

❺ 動詞の過去形（不規則動詞）

	▼ 変化の仕方	▼ 例
不規則動詞	不規則に変化する	am, is ➡ was are ➡ were buy ➡ bought do ➡ did get ➡ got go ➡ went have ➡ had see ➡ saw

形容詞・副詞比較変化表

※特に重要な語を太字で示しています。

❶ −er, −est をつける

▼ 原級	▼ 比較級	▼ 最上級
cheap (安い)	cheaper	cheapest
clean (きれいな)	cleaner	cleanest
cold (寒い)	colder	coldest
cool (かっこいい)	cooler	coolest
fast (速い)	faster	fastest
few (少しの)	fewer	fewest
great (すばらしい)	greater	greatest
hard (難しい)	harder	hardest
high (高い)	higher	highest
light (軽い)	lighter	lightest
long (長い)	longer	longest
low (低い)	lower	lowest
near (近い)	nearer	nearest
new (新しい)	newer	newest
old (古い)	older	oldest
short (短い)	shorter	shortest
small (小さい)	smaller	smallest
soon (すぐに)	sooner	soonest
strong (強い)	stronger	strongest
tall (高い)	taller	tallest
warm (あたたかい)	warmer	warmest
weak (弱い)	weaker	weakest
young (若い)	younger	youngest

❷ −r, −st をつける

▼ 原級	▼ 比較級	▼ 最上級
close (近い)	closer	closest
large (大きい)	larger	largest
late (遅れた)	later	latest
nice (すてきな)	nicer	nicest

❸ 語尾の y を i に変えて −er, −est をつける

▼ 原級	▼ 比較級	▼ 最上級
busy (忙しい)	busier	busiest
early (早い)	earlier	earliest
easy (簡単な)	easier	easiest
happy (幸せな)	happier	happiest
heavy (重い)	heavier	heaviest

❹ 語尾の子音を重ねて −er, −est をつける

▼ 原級	▼ 比較級	▼ 最上級
big (大きい)	bigger	biggest
hot (暑い)	hotter	hottest

❺ 不規則に変化する

▼ 原級	▼ 比較級	▼ 最上級
bad (悪い)	worse	worst
good, well (よい)	better	best
little (小さい, 少ない)	less	least
many, much (多い)	more	most

❻ more, most を置く

▼ 原級	▼ 比較級	▼ 最上級
beautiful (美しい)	more beautiful	most beautiful
careful (注意して)	more careful	most careful
difficult (難しい)	more difficult	most difficult
exciting (わくわくさせる)	more exciting	most exciting
expensive (高い)	more expensive	most expensive
famous (有名な)	more famous	most famous
important (重要な)	more important	most important
interesting (興味深い)	more interesting	most interesting
popular (人気のある)	more popular	most popular
quickly (すばやく)	more quickly	most quickly
slowly (遅く)	more slowly	most slowly
useful (役に立つ)	more useful	most useful
wonderful (すばらしい)	more wonderful	most wonderful

二次試験 面接対策

1 二次試験について

　3級以上の級では，一次試験(筆記)に合格すると，面接委員と1対1で話す二次試験(面接)を受験することになります。二次試験は一次試験合格発表のおよそ2週間後に行われ，二次試験を突破したらその級に合格したこととなります。

　もし，一次試験を突破し，二次試験が棄権などの理由で不合格となった場合，一次試験免除申請をすることで1年間は一次試験を免除し，二次試験より受験することができます。

詳しくは英検のHPをご覧ください。

2 二次試験の流れ　※実際の面接委員の発言と異なる場合があります

①入室・面接カードの提出・着席

・まずノックをしてから部屋に入ります。この時，please, come in. と言われることもあります。

・面接委員からHello, Good morning.などのようにあいさつされます。元気よくあいさつを返しましょう。

・「面接カード」の提出を求められるので，一言添えながら手渡します。

・その後，着席の指示がありますので，着席します。

★面接委員　◇受験者

★Good morning.

◇Good morning.

★Can I have your card, please ?

◇Here you are.

★Thank you. Please have a seat.

◇OK. Thank you.

②氏名・級の確認，あいさつ

・面接委員が受験者に名前と受験する級をたずねます。

　また，面接委員から簡単な質問などをされます。

・面接のときだけでなく，部屋に入室した瞬間から，自然なコミュニケーションを

とれるかも採点基準の対象となります。

しっかりと答えましょう。

★I'm Lily White, nice to meet you.
May I have your name, please?

◇Nice to meet you. My name is Yudai Sasaki.

★Mr. Sasaki, this is the Grade 3 test, OK?

◇OK.

★Mr.Sasaki, how did you get here today?

◇I got here by car.

③問題カードの受け取り

・いよいよ面接開始です。問題カードを渡されます。
　カードには短い英文と，1枚のイラストが描かれています。

★Let's start the test. Here is your card.

◇Thank you.

《問題カードの例》

Tomatoes

There are many kinds of vegetables in the world, and tomatoes are one of the most popular vegetables. They are from South America. Eating tomatoes is good for health and people like to eat them in various ways.

《イラスト略》

---

④問題カード（パッセージ）の黙読と音読

・面接委員から，20秒黙読するよう指示があります。

★Please read the passage silently for 20 seconds.

◇OK.　ここで内容を把握しましょう。

・20秒後，面接委員よりパッセージを音読するよう指示があります。
　タイトルも含めて音読しましょう。

★Now, please read it aloud.

> ・大きな声で，はきはきと読みましょう。
> ・文の区切りやアクセントを意識して読みましょう。意味の通らないところで区切って読むと，意味を理解していないとみなされ減点される可能性があります。

⑤質疑応答

・音読のあと，面接委員から5つの質問が出されます。

> No.1 問題カードの英文（パッセージ）の内容についての質問
>
> (例)Please look at the passage. Where are tomatoes from?（文を見てください。トマトはどこから来ましたか。）
>
> No.2 問題カードのイラストについての質問。イラストの中の人物の行動や様子について尋ねられる。
>
> (例)Now, please look at the picture. What is the man doing at the kitchen?（写真を見てください。キッチンで男性は何をしていますか。）
>
> No.3 問題カードのイラストについての質問。イラストの中の人物の行動や様子について尋ねられる。
>
> (例)Please look at the picture. What vegetable does the boy like?
>
> （絵を見てください。男の子は何の野菜が好きですか。）
>
> No.4 パッセージとは関係なく，受験者の好みや予定について尋ねる質問。
>
> (例)What sports do you like?
>
> （何のスポーツが好きですか。）
>
> No.5 パッセージとは関係なく，受験者自身について尋ねる問題。Yes かNoで答え，さらにそこから深堀りされる。
>
> (例)Do you like to read books?（あなたは本を読むのが好きですか。）
>
> ― Yes. → Please tell me more.（もっと話してください。）
>
> ― No. → Why?（それはなぜですか。）

⑥テスト終了，退室

質疑応答の終了後，面接委員から試験の終了が告げられます。問題カードを返却し，退室します。

★That's all, Mr.Sasaki. May I have the card back, please?

◇Here you are.

★Thank you. You may go now.

◇Thank you very much. Goodbye.

二次試験（面接）を体験してみよう！

Parks

Many people go to parks near their home. They play sports, paint pictures and walk around in the park. They like to spend their free time there.

★「スマレクebook」で専用のカメラを起動し，このページをかざすと
面接動画（解説付き）が再生されます。

No.1 Look at the passage. Where do people come to play sports?

（文を見てください。人々はスポーツをするのにどこに来ますか。）

→ **They come to parks.**（彼らは公園に来ます。）

No.2 Now, please look at the picture. What are the boys doing?

（では，イラストを見てください。男の子たちは何をしていますか。）

→ **They are playing tennis.**（彼らはテニスをしています。）

No.3 Look at the picture. What does the girl want to do?

（イラストを見てください。女の子は何をしたがっていますか。）

→ **She wants to eat a hamburger.**

（彼女はハンバーガーを食べたがっています。）

No.4 What are you going to do this afternoon?

（あなたは今日の午後何をしますか。）

→ **I am going to play soccer with my friends.**

（友人とサッカーをする予定です。）

No.5 Do you like seeing movies?（映画を見るのは好きですか。）

― **Yes.**（はい。）

→ Please tell me more.（もっと教えてください。）

― **I like SF movies.**（私はSF映画が好きです。）

★「スマレクebook」で専用カメラを起動し，このページをかざすと
面接動画（解説なしの体験型）が再生されます。

よく出る順で

ホントにわかる

英検®3級

答えと解説

新興出版社
shinko publishing

✎ **といてわかる**

(1) **3** (2) **2** (3) **4** (4) **2** (5) **1** (6) **1**

解説

(1) 1「旗」, 2「試合」, 3「時間」, 4「変化」。〈for＋時間〉で「(時間) の間」という意味。
訳　私は広島にいるいとこたちに会うために数時間, 電車に乗った。

(2) 1「国」, 2「科目」, 3「絵」, 4「出来事, イベント」。be good at 〜「〜が得意である」。
訳　A：ルーシー, あなたはどの科目が得意なの?
　　B：そうね, 私はいつも理科のテストで高得点を取っているわ。

(3) 1「観光客」, 2「声」, 3「メッセージ」, 4「もの, こと」。during「〜の間」。
訳　ケンジは夏休みの間にすることがたくさんある。それらを彼のカレンダーに書きとめた。

(4) 1「祭り」, 2「種類」, 3「レシピ」, 4「趣味」。in the future「将来 (において)」。
訳　A：君は将来どんな種類の仕事がしたいの?
　　B：私は子どもたちが大好きだから先生になりたいわ。

(5) 1「映画」, 2「制度」, 3「危険 (性)」, 4「幸運」。
訳　A：この映画を知ってる?　とてもおもしろいよ。
　　B：ええ, もちろんよ。去年, 映画館でそれを見たわ。

(6) 1「人々」, 2「都市」, 3「ゴール」, 4「オフィス, 事務所」。crowded「混雑した」。
訳　A：電車にとても大勢の人が乗っていたので驚いたわ。
　　B：わかるよ。平日の朝の電車はいつも込み合っているね。

✎ **といてわかる**

(1) **4** (2) **2** (3) **4** (4) **4** (5) **1** (6) **2**

解説

(1) 1「予定 (表)」, 2「考え, アイデア」, 3「分」, 4「コンサート」。
訳　アリスはいちばん好きな歌手のコンサートのチケットを買った。彼女は今とても興奮している。

(2) 1「質問」, 2「計画」, 3「制御」, 4「一切れ, ひとかけら」。
訳　A：今週末は何か予定があるの?
　　B：うん。ニューヨークにいるおばとおじを訪ねるつもりだよ。

(3) 1「点数」, 2「コーチ」, 3「人」, 4「問題」。fix「〜を修理する」。
訳　A：お父さん, ぼくのコンピューターに問題があるんだ。
　　B：見せてごらん。ああ, 修理できると思うよ。

(4) 1「休憩」, 2「助言」, 3「希望」, 4「仕事」。
訳　A：ニック, 明日ドライブに行かない?
　　B：ごめん。するべき仕事がたくさんあるから, 行けないよ。

(5) 1「一生」, 2「見知らぬ人」, 3「表紙, おおうもの」, 4「方法, 道」。
訳　サリーはエジソンの生涯について書かれた本を読んだ。彼女は, 彼は偉大な発明家だと思った。

(6) 1「注意」, 2「情報」, 3「仕事, ビジネス」, 4「旅行」。
訳　A：先月オープンした新しい遊園地に興味があるんだ。
　　B：私もよ。そこのウェブサイトに行って, それについてもっと情報を得ましょう。

✎ **といてわかる**

(1) **1** (2) **3** (3) **1** (4) **1** (5) **4** (6) **3**

解説

(1) 1「勝利者」, 2「パレード」, 3「訪問者 [客]」, 4「案内書 [人], ガイド」。
訳　ぼくたちの野球チームはとても強い。今年のトーナメントの勝利者になった。

(2) 1「規則」, 2「料理人」, 3「レシピ」, 4「島」。
訳　A：わあ, どうやってこのケーキを作ったの?　とてもおいしいよ!
　　B：ありがとう。難しくないのよ。レシピをあげるわ。

(3) 1「種類」, 2「岩」, 3「最も好きなもの, お気に入り」, 4「習慣」。listen to 〜「〜を聞く」は必ずtoをつけることに注意。
訳　A：ふだんどんな種類の音楽を聞いているの?
　　B：ポップソングをたくさん聞いているよ。

(4) 1「中心 (地)」, 2「演技, パフォーマンス」, 3「床, 階」, 4「指導者, リーダー」。
訳　ショッピングモール, 映画館, レストランは市の中心にあります。

(5) 1「丘」，2「世界」，3「生徒」，4「建物，ビル」。
look at ～「～を見る」。
訳　A：あの高いビルを見て。
　　B：あのビルの最上階まで上がってみよう。そこからの景色を見てみたいよ。
(6) 1「いとこ」，2「価格」，3「言語」，4「地域」。all over the world「世界中」。
訳　A：たくさんの言語を学んで世界中の人たちと友達になりたいわ。
　　B：それはいい考えだね。

P20～21 よく出る名詞�61～⑧⓪

✎ といてわかる

(1) 4　(2) 2　(3) 3　(4) 1　(5) 4　(6) 3

解説

(1) 1「スーパーマーケット」，2「結婚式」，3「店」，4「客」。more than ～「～より多く」。
訳　そのショッピングセンターでは今，セールを行っています。30ドルを超えてお買い上げのすべてのお客様は5％の割引を受けられます。
(2) 1「おもちゃ」，2「価格」，3「花」，4「電話」。
訳　ジェーンはその店の衣料品の価格を見て驚いた。それらはとても安かった。
(3) 1「世紀」，2「言語」，3「大学」，4「希望」。
訳　ナンシーは今年高校を卒業した。彼女はいとこと同じ大学で勉強するつもりだ。
(4) 1「明かり」，2「床，階」，3「環境」，4「ドア」。turn off ～「～を消す」。
訳　A：アンディー，あなたの部屋の明かりを消した？
　　B：あっ，いけない。また忘れちゃった。
(5) 1「毛布」，2「行動」，3「指輪」，4「事故」。
訳　A：どうしてこんなに遅れたの？
　　B：交通事故があって，道がとても混んでいたんだ。
(6) 1「例」，2「贈り物」，3「接触，連絡」，4「騒音」。keep contact with ～「～と連絡を取り続ける」。
訳　A：ジャックと連絡を取ってる？　彼に聞かなくちゃならないことがあるんだ。
　　B：わかった。それじゃあ，彼のメールアドレスを教えてあげる。

P22～23 よく出る名詞⑧①～⑩⓪

✎ といてわかる

(1) 3　(2) 2　(3) 4　(4) 4　(5) 4　(6) 2

解説

(1) 1「音」，2「線」，3「助言」，4「ガレージ」。
訳　A：お父さん，おじいちゃんの誕生日に何をあげたらいいかわからないんだ。何かアドバイスをもらえる？
　　B：もちろんだよ。今週末にそれについて話そう。
(2) 1「理由」，2「滞在」，3「心，精神」，4「限界」。
訳　ケンジはアメリカに留学した。滞在の間，彼はアメリカと日本の文化の違いを学んだ。
(3) 1「空間」，2「象徴，シンボル」，3「接触，連絡」，4「約束」。keep one's promise「～の約束を守る」。
訳　私は親友のデイビッドのことを信頼している。彼は約束を守り，私の秘密を決してだれにも話さない。
(4) 1「競争」，2「財布」，3「天候」，4「通知，掲示」。
訳　A：この掲示にこの町で夏祭りがあると書いてあるわ。
　　B：わぁ，それにいっしょに行こうよ。
(5) 1「星」，2「地域，区域」，3「夜」，4「雲」。be covered with ～「～でおおわれている」。
訳　A：ちょっと，見て。空が灰色の雲でおおわれているね。
　　B：そうね。すぐに雨が降ってくるわ。
(6) 1「交換」，2「障がい」，3「学年，成績」，4「入口」。〈help＋人＋do〉「人が～するのを手伝う」。
訳　A：君はボランティア活動をするつもりだって聞いたよ。
　　B：そうよ。障がいを抱える人たちが買い物をするのを手伝うつもりなの。

P24～25 確認のテスト①

(1) 1　(2) 4　(3) 2　(4) 1　(5) 2　(6) 4
(7) 3　(8) 4　(9) 3　(10) 4　(11) 2　(12) 4
(13) 3　(14) 1

解説

(1) 1「分」，2「歩行」，3「時刻，時間」，4「(1)時間」。get on ～「～に乗る」。
訳　A：おや，ちょうどバスが到着したよ。それに乗ろう。
　　B：ねえ，ちょっと待って。それは私たちが乗るべ

きバスじゃないわ。

(2) 1「芸術」，2「種類」，3「空間，スペース」，4「一切れ，ひとかけら」。

訳　デイビッドは今，野菜スープを作っている。彼は玉ねぎ，にんじん，トマトを小さく切るつもりだ。

(3) 1「制服」，2「アパート」，3「文化」，4「計画」。

訳　A：あなたが引っ越したアパートはどう？

　　B：最高だよ。ぼくは10階に住んでいるんだけど，そこからのながめがきれいなんだ。

(4) 1「理由」，2「未来」，3「約束」，4「予定」。

訳　A：今日ブラウンさんがオフィスにいない理由を知ってる？

　　B：ええ。彼は娘さんを病院に連れて行ってるのよ。

(5) 1「天井」，2「水族館」，3「ガレージ」，4「天候」。

訳　A：昨日行った水族館はどうだった？

　　B：とても楽しんだわ。私はお魚を見るのが大好きなの。

(6) 1「絵，絵画」，2「スタジアム」，3「贈り物」，4「コンテスト」。prize「賞，賞金」。

訳　アンは美術コンテストに参加するつもりです。優勝者は賞金として300ドルがもらえます。

(7) 1「戦い」，2「体」，3「兵士」，4「年」。

訳　フランクは歴史の授業で過去に起こった戦争について勉強している。彼は多くの兵士が戦争で亡くなったことを学んだ。

(8) 1「トーナメント」，2「趣味」，3「回，(～ s) 時代」，4「規則」。follow a rule「規則を守る」。

訳　A：スポーツをするときにいちばん大事なことって何かしら？

　　B：規則に従って楽しむことさ。

(9) 1「親」，2「考え，アイデア」，3「歴史」，4「日付」。

訳　私たちの家族は元旦に町の神社に行く。その神社はとても古く長い歴史がある。

(10) 1「形」，2「チーム」，3「レシピ」，4「一対」。a pair of ～「一対の～」。

訳　キャロルの兄は運動をするのが好きだ。彼女は兄の誕生日プレゼントに一対のジョギングシューズをあげた。

(11) 1「夫」，2「いとこ」，3「おじ」，4「妻」。for the first time「初めて」。

訳　エヴァンのおばは結婚して赤ちゃんを産んだ。彼は初めていとこができて喜んでいる。

(12) 1「通り」，2「伝統」，3「象徴，シンボル」，4「世紀」。most of ～「～のほとんど」。

訳　その町には美しい古い建物がたくさんある。そのほとんどが前世紀に建てられたものだ。

(13) 1「賞，賞金」，2「自然」，3「ニュース，知らせ」，4「音」。

訳　A：ねえ，なんだと思う？ぼく，試験に合格したよ。

B：まあ。すばらしい知らせね。それを聞いてとてもうれしいわ。be glad to do「～してうれしい」。

(14) 1「場所」，2「銀行」，3「外，外側」，4「場合」。in front of ～「～の前の」。

訳　パンを買うのに最適の場所は駅の前のパン店だ。

P28～29　よく出る動詞①～⑳

といてわかる

(1) 2　(2) 1　(3) 4　(4) 2　(5) 4　(6) 2

解説

(1) 1「～を書く」，2「～を持っている」，3「(～と) 思う」，4「(～と) 言う」。動詞には目的語を伴う他動詞と，目的語を必要としない自動詞がある。write「～を書く」やhave「～を持つ」のように，すぐ後ろに名詞 (目的語) がくる動詞は他動詞。Could you ～ ?は「～していただけますか」という，ていねいな表現。

訳　A：駅からあなたの家までの地図を書いていただけますか。

　　B：もちろんです。ペンをお持ちですか。

(2) 1「～を話す」，2「～を知っている」，3「～を集める」，4「～に答える」。go swimming「泳ぎに行く」。

訳　A：来週の日曜日に君とリサといっしょに泳ぎに行きたいな。

　　B：いいわよ。そのことをリサに話しておくわ。

(3) 1「～と調和する」，2「～を置く」，3「～を呼ぶ」，4「～を受講する，～を取る」。

訳　エマは音楽の先生になりたがっている。彼女は放課後，バイオリンとピアノのレッスンを受けている。

(4) 1「～を救う」，2「～を作る」，3「～を助ける」，4「～をたずねる」。make dinner[breakfast, lunch, supper]などは無冠詞で使う。

訳　A：今日いっしょに宿題できるかな？

　　B：ごめん，できないわ。お父さんの誕生日の夕食とケーキを作る予定なの。

(5) 1「～を返す」，2「(食べ物) を出す」，3「～を押す」，4「～を使う」。

訳　多くの大学生が図書館の自習室を使っている。

(6) 1「～を終える」，2「～を手伝う」，3「～を洗う」，4「～を与える」。help A with Bで「AのB (仕事など) を手伝う」という意味。help his mother with the dishesで「母親の食器類を手伝う」とは「母親の皿洗いを手伝う」という意味。

訳　エリックはとてもよい男の子だ。彼はいつも母親の皿洗いを手伝う。

✏️ といてわかる

(1) **2**　(2) **3**　(3) **4**　(4) **3**　(5) **3**　(6) **4**

解説

(1) **1** return「〜を返す」の過去分詞，**2** finish「〜を終える」の過去分詞，**3** hold「〜を持つ」の過去分詞，**4** move「〜を動かす」の過去分詞。finish *doing*「〜し終える」。

訳　A：お母さん，ぼくの部屋のそうじをし終わったよ。
　　B：わかったわ。それなら外に行ってお友達と遊んでいいわよ。

(2) **1** watch「〜を見る」の過去形，**2** wear「〜を身につけている」の過去形，**3** try「〜を試す」の過去形，**4** bring「〜を持ってくる」の過去形。try to *do*は「〜しようと試みる」という意味だが，tried to *do*は「〜しようと試みた（ができなかった）」という意味を表す。put on 〜は「〜を着る」という動作を表す。一方，wearは「身につけている」という状態を表す。

訳　A：すみません。このTシャツを着ようとしたのですが，私には小さすぎます。
　　B：もっと大きいサイズのものを持ってきます。ここでお待ちください。

(3) **1** sell「〜を売る」の過去形，**2** look「見る」の過去形，**3** follow「〜について行く」の過去形，**4** find「〜を見つける」の過去形。lookは「見る」という意味で，「〜を見る」はlook at 〜とatをつける。

訳　グリーンさんは家をそうじしていたとき，新聞の下に夫のメガネを見つけた。

(4) **1**「話す」，**2**「〜を集める」，**3**「働く」，**4**「〜を計画する」。

訳　ケイコは一生懸命，英語を勉強している。彼女の夢は将来，海外で働くことだ。

(5) **1** leave「〜を去る」の過去形，**2** build「〜を建てる」の過去形，**3** stay「滞在する」の過去形，**4** use「〜を使う」の過去形。

訳　私は家族と海辺のホテルに滞在した。私たちは部屋から海の景色を見ることができた。

(6) **1**「〜をわくわくさせる」，**2**「〜をつかまえる」，**3**「勝つ」，**4**「〜を望む」。

訳　A：私，明日の体育祭を楽しみにしているの。
　　B：ぼくもだよ。天気がいいことを望むよ。

✏️ といてわかる

(1) **4**　(2) **3**　(3) **4**　(4) **2**　(5) **1**　(6) **1**

解説

(1) **1**「〜を上演する」，**2**「〜を見つける」，**3**「〜を学ぶ」，**4**「〜を保つ，〜をとっておく」。won'tはwill notの短縮形。throw away 〜「〜を捨てる」。

訳　A：お母さん，これらの古着はとっておきたいの？
　　B：もうその古着は着ないでしょうね。捨ててしまいましょう。

(2) **1** enter「〜に入る」の過去形，**2** cost「（費用）がかかる」の過去形，**3** decide「〜を決心する」の過去形，**4** lose「〜を失う」の過去形。

訳　A：ぼくは医者になる決心をしたよ。
　　B：それはすばらしいわ。それじゃあ，一生懸命，勉強する必要があるわね。

(3) **1** hear「〜が聞こえる」の過去形，**2** move「〜を動かす」の過去形，**3** carry「〜を運ぶ」の過去形，**4** name「〜に名前をつける」の過去形。nameは〈name＋人＋名前〉という語順で用い，「〜に…と名づける」という意味になる。

訳　ブラウンさん夫妻に男の赤ちゃんが生まれた。彼らは彼をオリバーと名づけた。

(4) **1** buy「〜を買う」の過去形，**2** grow「〜を育てる」の過去形，**3** eat「〜を食べる」の過去形，**4** turn「〜を回す」の過去形。

訳　A：このサラダの野菜はとても新鮮ですね。
　　B：ありがとう。私が自分の庭でそれらを育てたの。

(5) **1**「心配する」，**2**「〜を支払う」，**3**「〜を必要とする」，**4**「〜を救う，節約する」。I could use itのcouldは「私はそれを使うことができた」ではなく，「私がそれを使ってもよい」という許可の意味で使っている。

訳　A：あら，マイク。それはお父さんの自転車よ。
　　B：心配しないで。お父さんがこの自転車を使ってもいいよって言ってくれたんだ。

(6) **1**「練習する」，**2**「〜を忘れる」，**3**「〜を費やす」，**4**「〜に到達する」。ここでのpracticeは「（繰り返し）練習する」という意味の自動詞の使い方。「〜を練習する」の意味では，practice soccer「サッカーの練習をする」，practice the piano「ピアノの練習をする」のように使う。

訳　A：スピーチコンテストでぼくはうまくできると思う？
　　B：もちろんよ。たくさん練習してきたんだもの。

P34〜35 よく出る動詞㉑〜⑳

とい て わかる

(1) **4**　(2) **4**　(3) **1**　(4) **4**　(5) **2**　(6) **2**

解説

(1) **1**「〜を貸す」, **2**「〜を売る」, **3**「(絵など) を描く」, **4**「〜を過ごす, 〜を費やす」。decide to *do*「〜することに決める」。

訳　今日は雨が激しく降っている。それで, 私たちは家で時間を過ごすことに決めた。

(2) **1**「〜を話す」, **2**「〜を身につけている」, **3**「〜を見せる」, **4**「〜を借りる」。

訳　A：ジェシカ, あなたのファッション誌を借りてもいい?
B：あら, それはエミリーに貸してしまったわ。彼女は明日, 私に返してくれるわ。

(3) **1** choose「〜を選ぶ」の過去分詞, **2** work「働く」の過去分詞, **3** invent「〜を発明する」の過去分詞, **4** agree「同意する」の過去分詞。

訳　A：どの映画を見るか選んだの?
B：うん。このコメディ映画がおもしろそうね。

(4) **1**「〜に合格する, 〜を手渡す」, **2**「聞く」, **3**「〜を推測する」, **4**「〜を紹介する」。eachは名詞の単数形の前にきて「それぞれの」の意味を表す。

訳　授業の初めに, それぞれの生徒は英語で自己紹介をするように言われた。

(5) **1** hear「〜が聞こえる」の過去分詞, **2** steal「〜を盗む」の過去分詞, **3** pull「〜を引く」の過去分詞, **4** learn「〜を学ぶ, 〜を知る」の過去分詞。

訳　A：ブライアン, どうかしたの?
B：ぼくのスマートフォンをこのテーブルの上に置き忘れたんだけど, 今, 見当たらないんだ。だれかがそれを盗んでしまったんだ。

(6) **1**「〜を上演する」, **2**「〜に乗り遅れる, 〜がいなくてさびしく思う」, **3**「〜を計画する」, **4**「〜を置き忘れる」。wake up「目が覚める」。missには「〜がいなくてさびしく思う」という重要な意味もある。

訳　アリスは今朝, 早く起きた。彼女は大切な会議があり, 電車に乗り遅れたくないのだ。

P36〜37 確認のテスト②

(1) **1**　(2) **4**　(3) **1**　(4) **3**　(5) **1**　(6) **4**
(7) **4**　(8) **1**　(9) **1**　(10) **3**　(11) **3**　(12) **1**
(13) **4**　(14) **4**

解説

(1) **1** give「〜を与える」の過去形, **2** grow「〜を育てる」の過去形, **3** fall「落ちる」の過去形, **4** wait「待つ」の過去形。too「あまりにも, …すぎる」。

訳　ぼくは弟に何枚かの服をあげた。それらはもうぼくには小さすぎた。

(2) **1**「住む」, **2**「〜を動かす」, **3**「滞在する」, **4**「〜を去る」。

訳　A：ぼくたちは何時に電車に乗らなければいけないの?
B：4時50分よ。だからすぐに家を出なければならないわ。

(3) **1**「〜を手渡す」, **2**「〜を送る」, **3**「〜に接触する」, **4**「〜を借りる」。

訳　A：お父さん, 私に塩を取ってくれない?
B：いいよ。はい, どうぞ。

(4) **1**「〜を祝う」, **2**「〜を運ぶ」, **3**「〜を受け取る」, **4**「〜をつみ取る」。

訳　ホワイトさんは毎年, 誕生日に夫からバラの花を受け取る。それは彼女がいちばん好きな花だ。

(5) **1** sell「〜を売る」の過去形, **2** tell「〜に話す」の過去形, **3** run「走る」の過去形, **4** speak「話す」の過去形。still「まだ」。

訳　A：今日のショーのチケットはまだ残っていますか
B：すみません。数分前に最後の1枚を売ってしまいました。

(6) **1**「立っている」, **2**「〜を練習する」, **3**「〜を必要とする」, **4**「〜を使う」。should「〜すべきである」。

訳　A：ああ, フランス語の辞書を忘れてしまった。どうしたらいいだろう。
B：今, 1冊持っているわ。それを使ってもいいわよ

(7) **1**「〜を身につけている」, **2**「〜を信じる」, **3**「〜を曲がる, 〜を回す」, **4**「〜を決心する」。try 〜 onは「〜を試着する」という意味。〈look nice on +人〉は「(服などが) 人に似合っている」という意味。

訳　ダイアナは2着のドレスを試着し, 2着とも彼女に似合っていた。彼女はどちらのドレスを買うべきか決心がつかなかった。

(8) **1**「〜を喜ばせる」, **2**「〜を楽しむ」, **3**「〜を費やす」 **4**「〜を招待する」

訳　私の祖母は料理がとても上手だ。彼女はいつもとてもおいしい料理で皆を喜ばせている。

⑼ **1**「～を置く，～を入れる」，**2**「～を試みる」，**3**「～を終える」，**4**「～を建てる」。

訳　ハリーはかばんの中に財布を入れるのを忘れた。彼は家の机の上にそれを置き忘れた。

⑽ **1** miss「～を逃す，～がいなくてさびしく思う」の過去形，**2** collect「～を集める」の過去形，**3** join「～に参加する」の過去形，**4** taste「～を味わう」の過去形。

訳　私の姉［妹］と私は学生向けボランティアサークルに参加した。私たちはほかのメンバーたちと通りをそうじした。

⑾ **1** lose「～を失う」の過去形，**2** pay「～を支払う」の過去形，**3** hold「～を開く，～を持つ」の過去形，**4** steal「～を盗む」の過去形。

訳　その博物館は夏休みの間に特別な行事を開催した。たくさんの子どもたちがやってきて，それを楽しんだ。

⑿ **1** happen「起こる」の過去形，**2** worry「心配する」の過去形，**3** close「閉まる」の過去形，**4** expect「～を期待する」の過去形。

訳　A：ねえ，腕をどうしたの？

　　B：木から飛び降りて腕を折ってしまったんだ。

⒀ **1** teach「～を教える」の過去形，**2** bring「～を持ってくる」の過去形，**3** begin「始まる」の過去形，**4** think「（～と）思う，（～を）考える」の過去形。muchは比較級harderを「ずっと～，はるかに～」と強調している。

訳　A：サトシ，富士山に登ったんだってね。どうだった？

　　B：ああ，ぼくが考えていたよりもずっと大変だったよ。

⒁ **1**「～を望む」，**2**「～を欲する」，**3**「～を好む」，**4**「～を覚えている，～を思い出す」。

訳　A：私たちがこの公園で初めて出会ったことを覚えている？

　　B：もちろんだよ。それは決して忘れられないよ。

P40~41 よく出る形容詞①～⑳

📝 **といてわかる**

(1) **4**　(2) **3**　(3) **1**　(4) **2**　(5) **2**　(6) **4**

解説

(1) **1**「十分な」，**2**「大きい」，**3**「異なった」，**4**「人気のある」。形容詞は名詞を修飾（説明）する働きのほか，be動詞や自動詞の補語の働きをする。

訳　その歌手は若者の間で人気がある。彼のコンサートのチケットはいつも売り切れてしまう。

(2) **1**「（音が）大きい」，**2**「危険な」，**3**「有名な」，**4**「こわがって」。be famous for ～「～で有名な」。

訳　A：あの喫茶店はドーナツで有名なんだ。

　　B：そこに行って1つ試してみましょう。

(3) **1**「お気に入りの，いちばん好きな」，**2**「わくわくさせる」，**3**「すてきな」，**4**「とてもおいしい」。

訳　A：あなたがいちばん好きな食べ物は何ですか。

　　B：私はすしやラーメンといった日本食が好きです。

(4) **1**「もう1つの，別の」，**2**「大部分の」，**3**「ほとんど」，**4**「ほかの」。

訳　A：私の犬は泳ぐのが好きなの。あなたのネコはどう？

　　B：大部分のネコは泳ぐのが好きではないし，うちのネコも好きではないよ。

(5) **1**「いっぱいの」，**2**「熱心な」，**3**「うれしく思う」，**4**「より少ない，より小さい」。

訳　ジョーンズさんは熱心な働き手だ。彼はいつも夜遅く帰宅する。late at night「夜遅く」。

(6) **1**「自然な」，**2**「役に立つ」，**3**「奇妙な」，**4**「ひまな」。

訳　A：来週の土曜日はひま？

　　B：うん。公園に行ってバスケットボールをしたい？

P42~43 よく出る形容詞㉑～㊵

📝 **といてわかる**

(1) **2**　(2) **1**　(3) **4**　(4) **2**　(5) **4**　(6) **2**

解説

(1) **1**「ほかの」，**2**「もう1つの，別の」，**3**「すべての」，**4**「いくつかの」。anotherは「もう1つの，別の」の意味で，単数名詞を伴う。

訳　A：このレストランのパンケーキはとてもおいしいね。

　　B：そうね。もう1枚頼みましょう。

(2) **1**「プロの，専門的な」，**2**「快適な，心地よい」，**3**「興味を持っている，関心のある」，**4**「一般の，公共の」。be proud of ～「～を誇りに思う」。

訳　マイクの父親は有名なプロ野球の選手だ。マイクは父親をとても誇りに思っている。

(3) **1**「病気の」，**2**「金持ちの」，**3**「元気な」，**4**「恐れる，こわい」。I'm afraid (that) ...で「残念ながら…，あいにくですが…」という意味合いで使われる。

訳　A：この店に犬を連れて入ってもいいですか。

　　B：あいにくですが，ペットはここには入れません。

(4) 1「優しい」，2「うれしく思う」，3「強い」，4「気をつける」。be glad to *do*「〜してうれしい」

訳　A：お誕生日おめでとう，アイビー。これは君へのプレゼントだよ。

　　B：ありがとう，ケビン。あなたのようないい友達がいてうれしいわ。

(5) 1「欠席の」，2「プラスチック製の」，3「中心の」，4「伝統的な」。

訳　A：あなたは着物を着たことがありますか。

　　B：はい，あります。私は日本の伝統的な文化が大好きです。

(6) 1「自分自身の」，2「それぞれの」，3「何か，どれか」，4「そのような」。each other「お互い」。

訳　A：すべての数学の問題を解き終わったよ。

　　B：私もよ。お互いの答えを確認してみましょう。

P44〜45　よく出る副詞①〜⑳

✎ といてわかる

(1) 4　(2) 1　(3) 4　(4) 3　(5) 1　(6) 3

解説

(1) 1「〜を越えて」，2「最も」，3「両方とも」，4「代わりに」。副詞は主として動詞・形容詞・副詞を修飾する。

訳　トレイシーはふだん，朝食にご飯を食べる。でも今朝は代わりにパンを食べた。

(2) 1「最初に，まず第一に」，2「いつでも」，3「すでに，もう」，4「いつも」。firstを副詞として使う場合はthe firstとしない点に注意。

訳　A：マイク，夕食を作るのを手伝ってくれない？

　　B：いいよ。でも最初に自分の部屋のそうじを終わらせてからね。

(3) 1「離れて」，2「一生懸命に」，3「およそ，約」，4「早く」。earlyはその時間や時期が「早く」という意味。一方，fastは速度が「速く」という意味。

訳　グリーンさんは今朝早くオフィスにやってきた。彼は今日たくさんの仕事がある。

(4) 1「まだ（〜ない），もう」，2「決して〜ない」，3「しばしば」，4「しかしながら」。

訳　A：兄がよくぼくに数学を教えてくれるんだ。

　　B：それはいいね。私もあなたのお兄さんのような兄がほしいな。そうしたら難しい数学の問題を解くことができるのに。

(5) 1「あとで」，2「前へ」，3「下に」，4「以前に」

訳　A：こんにちは，ブライアン。ごめんなさい，今からバスに乗るところなの。あとで電話をかけなおし

てもいい？

　　B：いいよ。

(6) 1「長い間」，2「ゆっくりと」，3「まだ，今もなお」，4「今夜」。be tired from 〜は「〜で疲れている」。

訳　A：トムはまだ寝てるの？

　　B：ええ。昨日，一日中サッカーの練習をしたので疲れているのよ。

P46〜47　よく出る接続詞・前置詞・代名詞①〜⑳

✎ といてわかる

(1) 4　(2) 3　(3) 1　(4) 1　(5) 2　(6) 2

解説

(1) 1「〜の上に」，2「〜を除いて」，3「〜といっしょに」，4「〜に沿って」。接続詞は節（S＋V）が後ろに続き，文と文をつなぐ語である。前置詞は名詞の前に置いて方向や状態・目的などを表す。1語のものが多いが up to 〜「〜まで」のように2語以上になるものもある。代名詞は名詞の代わりをするもので，単独で目的語や補語にもなる。

訳　A：私たちにはもっと運動が必要だわ。

　　B：同感だね。いっしょに隣町まで川沿いを歩こうよ。

(2) 1「〜の中に」，2「〜の上に，〜を超えて」，3「（3つ以上のもの）の間に［で］」，4「（2つのもの）の間に［で］」。betweenはふつう「2つのものの間に」という場合に使われ，between A and Bの形で使われることも多い。

訳　フレッドはこの夏，キャンププログラムに参加した。彼はメンバーの中で最年少だった。

(3) 1「〜だけれども」，2「〜するまで」，3「もし〜ならば」，4「それで，だから」。although, until, if, soのいずれも接続詞で，後ろに節（S＋V）を伴い，2つの文をつなぐ働きをする。be able to *do*（＝can *do*）「〜することができる」。

訳　天気はあまりよくなかったけれども，全員が山頂まで登ることができた。

(4) 1「すべてのもの」，2「何も〜ない」，3「いくつか，いくらか」，4「もう一方の人［もの］」

訳　A：かばんの中に必要なものを確実にすべて詰め込んだの？

　　B：そう思うよ。2度確認したし。

(5) 1「両方，両者」，2「いずれか，どちらでも」，3「上方に」，4「〜まで」。both, eitherには代名詞の用法がある。

I know both.「私は2人とも知っています。」

I will buy either.「私はどちらかを買います。」

訳　A：昼食に何を食べたい，エリ？

　　B：私はインド料理かメキシコ料理のどちらかを食べたいわ。

⑹ 1「～について」，2「～の間に」，3「～から」，
4「～の間に」。

訳　姉［妹］と兄［弟］の2人とも私に彼らの隣に座ってほしいと思っていた。そういうわけで，私は2人の間に座っていた。

P48～49 確認のテスト③

⑴ 3　⑵ 4　⑶ 2　⑷ 3　⑸ 3　⑹ 3
⑺ 2　⑻ 2　⑼ 1　⑽ 1　⑾ 4　⑿ 4
⒀ 2　⒁ 3

解説

⑴ 1「～まで」，2「～に沿って」，3「～を通りぬけて，～を通して」，4「～の間（中）」。Monday through
FridayはMondayの前のfromが省略された形。「月曜から金曜日の終わりまで」という意味。

訳　A：このお店はいつ開いているの？

　　B：月曜から金曜までの10時から8時まで開いてるよ。

⑵ 1「いつもの」，2「異なった」，3「簡単な」，4「難しい，困難な」。

訳　数学のテストはそれほど難しくなかった。そういうわけでそのクラスの大多数の生徒がよい点を取った。

⑶ 1「ともかく」，2「たぶん」，3「ほとんど」，4「（未来の）いつか」。maybeは，後ろに続く文全体を修飾している。

訳　A：トムがどこにいるか知ってる？

　　B：よくわからないけど，たぶん，今は図書館にいるかもしれないわ。

⑷ 1「それぞれの」，2「用意ができて」，3「自分自身の」，4「忙しい」。

訳　A：お父さん，ぼくは自分自身のコンピューターを持ちたいよ。

　　B：君が次のテニストーナメントで優勝したら1台買ってあげるよ。

⑸ 1「代わりに」，2「まだ（～ない），もう」，3「これまでに，かつて」，4「そのほかに」。

訳　A：君はこれまでにこのゲームをしたことある？ほんとうにおもしろいよ。

　　B：ううん，ないわ。そのゲームを試してみたいわ。

⑹ 1「～の後ろに」，2「～の上に」，3「～なしに」，

4「～を超えて」。

訳　ケイコは学校に英語の辞書を忘れてきた。彼女はそれなしでは英語の宿題をすることができなかった。

⑺ 1「あの」，2「もう1つの，別の」，3「そのような」，
4「遅い」。

訳　A：ごめん，ニック。明日，あなたと買い物に行けないわ。

　　B：大丈夫だよ。別の日にいっしょに行けるよ。

⑻ 1「ほとんどない」，2「ほとんどない」，3「多くの，多量の」，4「より多い」。fewは数えられる名詞の前につけて「ほとんど～ない」という意味を表し，littleは数えられない名詞の前につけて「ほとんど～ない」という意味を表す。

訳　A：ベン，君は外国語を話すの？

　　B：ぼくはスペイン語を少し話すけど，君の英語ほどうまくはないよ，ハルト。

⑼ 1「ときどき」，2「すでに」，3「しばしば」，4「いつも」。

訳　A：君は毎朝，何時に起きるの？

　　B：ぼくはふだんは6時に起きるけど，ときどき7時になる。

⑽ 1「何か」，2「何か，どれも（～ない），どれでも」，
3「いくらかの」，4「両方とも」。「何か冷たいもの」と言う場合にはcoldはsomethingの後ろにくることに注意。

訳　A：何をお飲みになりたいですか。

　　B：何か冷たいものはありますか。今日は本当に暑いので。

⑾ 1「興味がある，関心がある」，2「いちばん好きな，お気に入りの」，3「外国の」，4「重要な」。

訳　メイヤーさんは毎日，世界のニュースをチェックしている。彼はほかの国々で何が起こっているかを知ることが重要だと信じている。

⑿ 1「恐れる，こわい」，2「安い」，3「神経質な」，4「危険な」。I know it's dangerous.のitはswim in the
river「川で泳ぐこと」を受けている。

訳　A：友達といっしょに川で泳いじゃだめだよ，わかっているね？

　　B：泳がないよ，お父さん。それが危険だっていうことはわかっているよ。

⒀ 1「わくわくした」，2「高価な」，3「明るい」，4「真実の」。文の後半のit was too expensive for her
to buy.は「それは彼女が買うにはあまりにも高すぎた」，つまり「それは高すぎて彼女には買えなかった」ことを述べている。

訳　メグはデパートですてきなジャケットを見かけた。でもそれは高すぎて彼女には買えなかった。

⒁ 1「どちらか」，2「ときどき」，3「～もまた」，4「いつ

しょに」。

訳　ぼくの友達のルークは昨日，祭りに行った。ぼくもそこにいたが，お互い会わなかった。

✎ といて わかる

(1) **3** (2) **2** (3) **4** (4) **2** (5) **4** (6) **1**

解説

(1) look forward to A「Aを楽しみに待つ」。
Sounds exciting! は，That sounds exciting! のThatが省略された形の口語表現。

訳　A：ぼくは来週のハロウィーンパーティーを楽しみにしているんだ。
　　B：楽しそうね！　私もそれに参加したいわ。

(2) get married「結婚する」。miss「〜がいなくてさびしく思う」

訳　私の姉は先月，結婚して家を出ていった。私は彼女がいなくてとてもさびしく思う。

(3) too ... to *do*「あまりに…なので〜できない」。英語で「スープを飲む」と言う場合は，drinkは使わずeatを使う。

訳　A：このスープは熱すぎて飲めないよ，お母さん。
　　B：それじゃあ，最初にポテトサラダを食べたらどう？

(4) look for 〜「〜を探す」。

訳　A：何か探し物をしているの？
　　B：ああ，ぼくの家の鍵がどこにあるか知ってる？見つからないんだ。

(5) kind of 〜「〜の種類」。mystery novel「推理 [ミステリー] 小説」

訳　A：あなたはどんな種類の本をよく読みますか。
　　B：私は推理小説を読むのが大好きです。

(6) because of 〜「〜の理由で」。heavy rain「大雨，豪雨」。

訳　先週の日曜日は大雨のため，テニスの試合はありませんでした。

✎ といて わかる

(1) **3** (2) **3** (3) **2** (4) **2** (5) **3** (6) **4**

解説

(1) not 〜 at all「まったく〜ない」。move「引っ越す」。

訳　A：メアリーがニューヨークに引っ越したって知ってた？
　　B：ううん。そのこと全然知らなかった。

(2) find out 〜「〜を知る，〜を発見する」。

訳　クリスは自分の財布が盗まれたことを知った。

(3) grow up「成長する，大人になる」。

訳　ジェイソンは科学をとても一生懸命に勉強している。彼の父親は有名な科学者で，彼は大人になったら父親のようになりたいと思っている。

(4) all over (〜)「〜のいたるところに [で]」。

訳　その日は晴れた春の日で，公園のいたるところに多くの種類の花があった。

(5) worry about 〜「〜のことで心配する」。

訳　A：何を心配しているの？
　　B：試験に合格できるかどうか確信が持てないんだ

(6) for free「無料で」。ズボンは足が2本あるので，必ずpantsと複数形になる。glasses「メガネ」やscissors「ハサミ」も同じ理由で常に複数形。

訳　このズボンを1本買うと，もう1本無料でもらえます。

✎ といて わかる

(1) **3** (2) **3** (3) **1** (4) **4** (5) **3** (6) **4**

解説

(1) take care of 〜「〜の世話をする」。

訳　A：ぼくは1週間，祖父母を訪ねる予定なんだ。ぼくのウサギの世話をしてもらえるかな，アイビー？
　　B：いいわよ。問題ないわ。

(2) in fact「実は，実際に」。

訳　エリックは料理をすることが大好きだ。実際，彼は毎週末，家族のために夕食を料理している。

(3) be full of 〜「〜でいっぱいである」。

訳　A：昨日，ジムに行った？
　　B：うん，行ったよ。でも人でいっぱいだったから，すぐに家に帰ってきたよ。

(4) give up「あきらめる」。rest「休む」。come true「実現する，本当になる」。

訳　A：今日は水泳教室に行きたくないよ，お母さん。
　　B：ときどき休むのはいいけど，絶対にあきらめなければ，あなたのプロの水泳選手になるっていう夢はかなうわよ。

(5) for the first time「初めて」。

訳　ぼくの姉 [妹] はこの冬，山を訪れることを楽しみ

にしている。彼女はそこで初めてスキーに挑戦するつもりだ。

(6) most of ～「～のほとんど」。most of the people living around himまでのカタマリがareの主語。

訳　私の祖父は漁師で島に住んでいる。そして彼の周りに住んでいるほとんどの人もまた漁師である。

P58～59 確認のテスト④

(1) **4** (2) **4** (3) **2** (4) **1** (5) **4** (6) **1**
(7) **4** (8) **1** (9) **4** (10) **2** (11) **2** (12) **1**
(13) **3** (14) **4**

解説

(1) come back「戻る」。wait for ～「～を待つ」。
訳　A：何時に戻るつもりなの？
　　B：今夜は帰りが遅くなるから，夕食はぼくを待たないでね。

(2) take part in ～「～に参加する」。
訳　多くの高校生がこの町のボランティア活動に参加した。彼らはそこでほとんど丸1日過ごした。

(3) as ～ as possible「できるだけ～」。headphonesは耳が左右2つあるので複数形。
訳　このヘッドフォンはとても人気があるよ。だから，できるだけ早く買ったほうがいいよ。

(4) too ... to do「あまりに…なので～できない」。
訳　A：このかばんは小さすぎて教科書が入らないんだ。
　　B：私のを貸してあげるわ。それは教科書を入れるのに十分大きいわ。

(5) look for ～「～を探す」。in the future「将来」。
訳　ローラはレストランでの仕事を探している。彼女は将来シェフになりたいからだ。

(6) look forward to doing「～するのを楽しみにする」。
訳　A：来月，コンサートに行くの楽しみにしているわ。
　　B：ぼくもだよ！　ぼくたちはチケットが手に入れられてラッキーだったね。

(7) do one's best「最善を尽くす」。competition「コンテスト，コンクール，競技会，選手権大会」。
訳　A：ダンスコンテストの準備はできていますか。
　　B：はい。私は勝つために最善を尽くすつもりです。

(8) thank A for ～「Aに～を感謝する」。staffは「社員全員」の意味なので1人の社員をa staffと言うのは誤り。a member of staffが正しい。
訳　ウィルソンさんは会社の社長で，すばらしい社員をかかえている。彼は彼らの一生懸命な働きぶりに感謝す

るのを忘れたことがない。

(9) all over ～「～のいたるところに［で］」。part time job「アルバイト」。カタカナ語のアルバイトはドイツ語からきている言葉で，英語ではpart time jobと言う。

訳　ハルトの夢は世界のいたるところ［世界中］を旅することだ。彼はそのためのお金を貯めるためにアルバイトをしている。

(10) because of ～「～の理由で」。instead「その代わりに」。
訳　私たちは悪天候のために出かけることができなかった。私たちは代わりに家でDVDを見た。

(11) as usual「いつものように」。
訳　A：先生，今日は一日中ベッドの中にいたほうがいいですか。
　　B：いいえ。あなたはもう元気ですよ。だから，いつも通りに行動していいですよ。

(12) help A with B「AのBを助ける［手伝う］」。Could you ～？「～していただけませんか」という意味のていねいな表現。
訳　A：スーツケース（を運ぶの）を手伝いましょうか。
　　B：ありがとう。エレベーターのところまで持って行ってくださいますか。

(13) get to ～「～に到着する」。straight「まっすぐに」，turn right「右に曲がる」。
訳　A：すみません，ここから市役所へはどう行けば到着しますか。
　　B：まっすぐ行って最初の角を右に曲がってください。

(14) be afraid of ～「～を恐れる，～を怖がる」。at the age of ～「～歳で」。
訳　私は子どものころ，水が怖かった。だから母は，私が4歳のときに水泳のレッスンを習い始めさせてくれた。

P62～63 受け身の文

といてわかる

(1) **2** (2) **1** (3) **3** (4) **3** (5) **3**
(6) 6－4－5－2－1－3

解説

(1) wereのあとにpaintedを続けて，「描かれた」という受け身の文にする。by ～「～によって」。
訳　私の父はジェイコブ・カートンという名の画家が好きだ。私の家にあるすべての絵画は彼によって描かれた。

(2)「髪の毛は美しく切られた」と受け身の文にするには

過去分詞cutを選ぶ。cutは不規則動詞（cut-cut-cut）。

訳　ティナの髪の毛は彼女の母によって美しく切られた。彼女は美容師として働いている。

(3) take care of ～「～の世話をする」の受け身の疑問文。受け身の形はbe taken care of ～となる。takeは不規則動詞（take-took-taken）。

訳　A：これらのすべての花は君のお母さんに世話をされているの？

　　B：ええ、そうよ。お母さんは毎日お花に水やりをしているの。

(4) isn't のあとに過去分詞usedを続けて、「使われていない」と受け身の否定文にする。

訳　このバイオリンはもうリサによって使われていない。彼女の妹のエイミーが今それを使っている。

(5) next yearがあるので、受け身の未来の形will be builtにする。buildは不規則動詞（build-built-built）。

訳　私たちの新しい家は来年建てられるだろう。私たちはそこに住むことを楽しみにしている。

(6) 「ダンスコンテストについての情報」となるように、The informationのあとにabout the dance contestを続ける。日本語と語順が逆になることに注意。後半の動詞部分は「書かれていました／ホワイトボードに」の語順でwas written on the white boardとまとめる。

[正解の英文：(The information) about the dance contest was written on the white board (at school.)]

P64～65　現在分詞・過去分詞

✎ といてわかる

(1) **2**　(2) **3**　(3) **2**　(4) **1**　(5) **2**
(6) **6−5−4−2−1−3**

解説

(1) boyとplayは、「男の子はバスケットボールをしている」という能動の関係にある。現在分詞playingを選んで「～をしている男の子」の形にする。

訳　A：向こうでバスケットボールをしている男の子を知ってる？

　　B：ここからでは彼のことがよく見えないわ。

(2) The picturesとtakeは「写真は撮られる」と受け身の関係にある。過去分詞takenを選んで、「撮られた写真」の形にする。

訳　アンナによって撮られた写真はコンテストで賞を

取った。彼女は将来、写真家になりたがっている。

(3) bedとbreakは「壊された（＝壊れた）ベッド」と受け身の関係にあるので、過去分詞brokenを選ぶ。breakは不規則動詞（break-broke-broken）。

訳　A：ぼくたちは新しいベッドを買わなければならないね。

　　B：でもまずは、この壊れたベッドを捨てなければならないわ。

(4) novelとwriteは「書かれた小説」と受け身の関係にあるので、過去分詞writtenを選ぶ。writeは不規則動詞（write-wrote-written）。

訳　ミアは有名な作家によって書かれた小説を読んだ。それは彼女には難しすぎて理解できなかった。

(5) boyとcryは「男の子は泣いている」と能動の関係にあるので、現在分詞cryingを選ぶ。

訳　公園に泣いている男の子がいた。彼はアイスクリームを落としてしまったので悲しかった。

(6) 主語は(All) of the people「人々はみな（＝すべての人々は）」とし、「サリーのパーティーに呼ばれた」をinvited to Sally's partyと後ろからpeopleを修飾する形にする。動詞部分は「～が大好きな人たちでした」となるようにwere (Korean pop music lovers)とまとめる。

[正解の英文：(All) of the people invited to Sally's party were (Korean pop music lovers.)]

P66～67　間接疑問文・付加疑問文

✎ といてわかる

(1) **2**　(2) **3**　(3) **1**　(4) **4**　(5) **2**
(6) **2−5−1−4−3−6**

解説

(1) BのI saw it under the benchという応答から「どこにあるか」を尋ねていると考えられる。

訳　A：私のラケットがどこにあるか知ってる？

　　B：ああ、うん。テニスコートのベンチの下で見たよ。

(2) 文末のyou? と空所の前のコンマから付加疑問文の形と考えられる。主語のあとの動詞が否定の完了形haven't beenなので空所には肯定の完了形haveが入る。

訳　A：あなたはフランスに行ったことがないですよね？

　　B：実はあるんです。去年の夏にそこに行ったのですが、それはすばらしい旅行でした！

(3) 空所のあとのMr. Adams saidから「(アダムズ先生が) 何を言ったか」とするのが適切と考えられる。

訳 私はアダムズ先生が授業中に何を言ったか理解できませんでした。それで，授業のあとで先生に1つ質問をしたのです。

(4) 文末のhe? と空所の前のコンマから付加疑問文の形と考えられる。主語のあとの動詞が肯定形will beなので空所にはwillの否定形won'tが入る。

訳 A：アレックスはもうすぐここに来るよね？
B：ちょうど彼から電話をもらったんだ。彼は遅れると言っていたよ。

(5) 空所の前のコンマとdon'tから付加疑問文の形と考えられる。Colin and Lindaを受ける代名詞はtheyである。

訳 A：コリンとリリアは同じアパートに住んでいるんだよね？
B：その通りよ。彼らは部屋を共有しているの。

(6) 「(私に) 教えてください」なので，動詞部分から考える。Pleaseのあとにtell meを続ける。そのあとに「あなたがどうやってこのケーキを作ったか」をhow you made this cakeとまとめ，動詞tellの後ろに続ける。間接疑問文になるので，肯定文の語順how you madeとなることに注意。

[正解の英文：(Please) tell me how you made this cake(.)]

P68〜69 関係代名詞

といてわかる

(1) 4　(2) 2　(3) 1
(4) 4－2－5－3－6－1
(5) 3－2－5－6－4－1
(6) 3－5－1－4－6－2

解説

(1) 先行詞がsandwichesと「もの」なので，関係代名詞はwhichにする。

訳 アンは友達とピクニックに出かける予定だ。彼女は母親が作るサンドイッチをいくつか持って行くつもりだ。

(2) 先行詞がstudentsと「人」で，空所に入る関係代名詞は主格なのでwhoにする。

訳 ジェイクとエミリーは合唱コンクールに参加した生徒だ。彼らは上手に歌った。

(3) 先行詞がwatchと「もの」なので，関係代名詞はthatにする。

訳 私はスイスで作られた時計を持っている。父が私の

誕生日にそれをくれた。

(4) 「ジョッシュには姉がいる」Josh has a sisterから英文を組み立てる。続けて，「(来月) 結婚する予定の」を，先行詞をsisterとしてwho is going to get marriedと続ける。sisterは「人」で，主格なので関係代名詞はwhoになる。「結婚する」はget marriedという。

[正解の英文：(Josh) has a sister who is going to get married (next month.)]

(5) 「これが絵画です」「父がパリで買った (絵画)」の語順で英文をまとめる。先行詞はpaintingと「もの」なので，関係代名詞はwhichまたはthatになるが，後ろに〈主語＋動詞〉が続いている場合 (目的格) は関係代名詞を省略できる点に注意。

[正解の英文：(This is the painting my father bought in (Paris.)]

(6) 「私は女の子と犬を見かけました」→「公園の中を走っている (女の子と犬)」の語順で英文をまとめる。先行詞が「人＋動物」なので，関係代名詞はthatを用いる。

[正解の英文：(I saw a) girl and a dog that were running (in the park.)]

P70〜71 SVOCの文

といてわかる

(1) 1　(2) 1　(3) 3
(4) 2－5－1－3－4－6
(5) 2－4－6－3－5－1
(6) 6－3－5－2－4－1

解説

(1) 1「彼らを」, 2「彼らの」, 3「彼らは」, 4「彼らのもの」。動詞makeは「人を〜にする」の意味ではSVOCの文型を取る。ポイントは，makeのあとに「(代) 名詞＋形容詞」という語順を取ることである。代名詞の場合は目的格 (me, you, him, her, it, themなど) になる点に注意する。

訳 ハリーは毎月，祖父母に手紙を書く。彼の手紙はいつも彼らを幸せにする。

(2) 1「〜を保つ」, 2「〜になる」, 3「〜と呼ぶ」, 4「〜を見せる」。空所のあとに〈名詞 (your room) ＋形容詞 (clean)〉が続いている点と「あなたの部屋を清潔に〜」という意味からkeepを選ぶ。

訳 A：あなたはいつも自分の部屋を清潔に保つべきよ。
B：わかってるよ，お母さん。ぼくはいつもそうしているよ。

(3) **1**「話す」，**2**「〜に話す」，**3**「〜と呼ぶ」，**4**「〜を言う」。空所のあとに〈名詞 (your cat) ＋名詞 ("Omochi")〉が続いている点と「あなたのネコを "おもち" と」という意味からcallを選ぶ。

訳 A：ケイコ，なぜあなたは自分のネコを "おもち" と呼んでいるの？

B：私のネコは日本のおもちのようにまっ白だからよ。

(4)「窓を開けたままにした」は動詞leaveを使ってleft the window openとする。「今朝」を表すthis morningは文頭にも文末にも置くこともできるが，文頭に置く場合はコンマが必要なので，ここはthis morningは文末に置く。

[正解の英文：I left the window open this morning(.)]

(5)「デイブは何と名づけた」はWhat did Dave nameとする。nameは「〜を…と名づける」の意味で使えるが，この場合は「…」に相当する語がwhatになる点に注意。nameのあとにはhis dogが続く。

[正解の英文：What did Dave name his dog(?)]

(6)「話はハナを悲しくさせた」から語群中にあるmadeを「〜を…にさせた」という意味で使い，the story made Hana sadとする。「過去の戦争の話」はof「〜の」でつないでThe story of the past warとする。

[正解の英文：The story of the past war made Hana sad (and she cried.)]

P72〜73 現在完了形

✏ といてわかる

(1) **1** (2) **1** (3) **2** (4) **4** (5) **3**
(6) **2−4−6−1−3−5**

解説

(1) **1**「〜に行った」，**2**「〜を試した」，**3**「〜に到着した」，**4**「〜に行ってしまった（もうここにはいない）」。文頭にHaveがあるので，空所には過去分詞が入る。意味を考えて「〜に行ったことがある」という意味になるbeenを選ぶ。have gone to 〜は「〜に行ってしまった（もうここにはいない）」という意味になるため誤り。

訳 A：ヨーロッパに行ったことある？

B：ううん，でもいつかイタリア，スペイン，フランスを訪れたいな。

(2) I'veとあるので空所には現在完了形を作る過去分詞finishedが入る。

訳 A：このマンガ本を読み終えたよ。

B：あら，本当？　それならそれを借りてもいい？

(3) 会話の意味から空所には「ナツキはどのくらい長く住んでいたか」という現在完了形を作るhaveが入るが，主語のナツキは3人称単数形なので，hasにする。

訳 A：ナツキはどのくらい長くこの町に住んでいるの？

B：たぶん半年くらいだよ。

(4) Henry has neverとあるので空所には現在完了形を作る過去分詞seenが入る。

訳 ヘンリーはこれまで一度もイルカを見たことがない。だから彼は今度の日曜日に水族館に行って初めてイルカを見るのでわくわくしている。

(5) Has itとあるので空所には現在完了形の疑問文を作る過去分詞stoppedが入る。

訳 A：雨は止んだ？

B：ううん，止んでないわ。今日はハイキングをあきらめたほうがよさそうね。

(6) 主語になる「野球の試合」はthe baseball gameとする。「ちょうど始まったところ」を，justと現在完了形を使ってhas just startedと続ける。

[正解の英文：The baseball game has just started(.)]

P74〜75 現在完了進行形

✏ といてわかる

(1) **4** (2) **1** (3) **3** (4) **4** (5) **2**
(6) **3−4−1−6−2−5**

解説

(1) 継続している動作は現在完了進行形have[has] been *doing*で表すことができる。ただし，know「知る」，have「〜を持っている」，live「住む」，want「欲する」などの状態動詞は進行形にできないため，現在完了進行形としては使えない。knowは状態動詞なので，空所には現在完了形になるknownが入る。each other「お互いに」。

訳 ケンタとリオは小さいころからお互いを知っている。彼らは仲のよい友達だ。

(2)「サラは（今まで）どのくらい長く泳いでいますか」という継続している動作は，現在完了進行形で表す。been swimmingが入る。

訳 A：サラはどのくらい長くプールで泳いでいるの？

B：2時間くらいだよ。

(3) want「欲する」などの状態動詞は（現在完了）進行形にできない。「長い間，ほしがっている」はhas

wanted ... for a long timeと表す。

訳 父は長い間，新しい車をほしがっていました。今日，父の夢が実現します。

(4)「10年間，いっしょに暮らしてきた」は現在完了形で表すのでlivedを選ぶ。live「住む」は一時的な居住を表すときに，進行形で使う場合もある。

訳 私の家族はポコという名のネコを飼っている。彼女はもう10年間，私たちといっしょに暮らしてきた。

(5)「今まで2時間レポートを書き続けている」は現在完了進行形を使って表現する。空所にはbeen writingが入る。

訳 A：君は科学のレポートを終わらせた？
B：ううん，まだよ。でももう2時間それを書き続けているの。

(6) 主語「私のおじ」はMy uncleとする。「(5年間)ずっと働いている」は，現在完了進行形を使ってhas been workingとする。in New York「ニューヨークで」はworkingのあとに続ける。
[正解の英文：My uncle has been working in New York (for five years.)]

P76〜77 確認のテスト⑤

(1) 3 (2) 4 (3) 2 (4) 1 (5) 2 (6) 3 (7) 4
(8) 4 (9) 2 (10) 4 (11) 2 (12) 1 (13) 2 (14) 2

解説

(1) 空所にはmanを後ろから修飾する分詞が入るが，「(あなたのお父さんと)話している男性」となるように現在分詞talkingを入れる。

訳 A：あなたのお父さんと話している男性はだれなの？
B：彼はぼくのおじのボブだよ。

(2)「〜に行ったことがある」という意味になるようにbeenを選ぶ。have gone to〜は「〜に行ってしまった(もうここにはいない)」という意味を表す。

訳 A：エイミー，市内にある国立博物館に行ったことある？
B：ううん，一度もないわ。でもいつかそこを訪れてみたいわ。

(3)「寺院は建てられた」という受け身の関係になるので，空所には受動態を表すbuiltが入る。

訳 A：このお寺はとても古く見えるね。
B：そうね。それは千年以上も前に建てられたのよ。

(4) 1「何」，2「どこで」，3「いつ」，4「どのように」。後半の文のI should bring for itのitはmountain

climbing「登山」を指している。「登山に持って行くものを確認する」という文意から空所にはwhatが入る。

訳 私は初めて登山に挑戦するつもりだ。それに何を持って行くべきか，インターネットで確認するつもりだ。

(5) 文末のshe? と空所前のコンマから付加疑問文にする。動詞がbe動詞のisなので空所にはisの否定形のisn'tが入る。

訳 A：ジェニーは今日，学校を休んでいるよね？
B：知ってるわ。彼女は風邪を引いたって聞いたわ。

(6) 文中にisという動詞が2度出てくることに着目して，空所には主格の関係代名詞が入ると考える。先行詞がzooと「もの」なので，空所にはthatが入る。

訳 ペンギンの散歩で有名な動物園がある。私は来週そこに行く予定だ。

(7) 1「尋ねる」，2「〜にする」，3「〜を見つける」，4「〜と呼ぶ」。meのあとにKenと続いているので，名前に関して「〜を…と呼ぶ」という意味になるように空所にはcallを入れる。

訳 A：ぼくの名前はケンタロウです。ぼくのことをケンと呼んでください。
B：わかったわ。私にはそのほうがずっと簡単だわ。

(8) 文頭にHaveがあることに着目して空所には過去分詞chosenを入れる。

訳 A：どちらの服を買うか選びましたか。
B：決められないわ。どちらの服がいちばんよく私に似合っているか教えて。

(9) earphonesのあとに空所があり，〈主語＋動詞〉が続くことから，空所にはearphonesを先行詞とする関係代名詞が入ると考える。earphonesが「もの」なので，空所には関係代名詞which（目的格）が入る。

訳 ポールは昨日，学校の彼の机に置き忘れたイヤホンを探している。

(10) 1「〜を変える」，2「起こる」，3「〜を回す」，4「〜を…にする」。空所のあとにyou excitedと「代名詞＋形容詞」が続いていることに着目して，SVOCの文型を取ることができるmade「〜を…した」を選ぶ。What made you so excited? は「何があなたをそれほどわくわくさせたのですか」という意味だが，「どうしてあなたはそんなにわくわくしているのですか」という意味合いで使う定型表現。

訳 A：どうしてあなたはそんなにわくわくしているのですか，ケイト。
B：なんだと思う？ 私，ちょうど今，通りで有名な俳優に出会ったのよ。

(11)「スマートフォンは売られる」という受け身の関係になるので，空所には受動態を作る過去分詞soldが入る。

訳 スマートフォンの中にはインターネットで売られて

15

いるものがある。カレンはそこで1台買う予定だ。

⑿「メキシコで話されている言語」という意味になるように，空所には受け身の意味を表す過去分詞spokenが入る。

訳　A：メキシコで話されている言語は何ですか。

　　　B：スペイン語です。

⒀「そのビデオゲームをやり続けている」を現在完了形を使って表現する。空所にはhave beenが入る。

訳　A：マイク，あなたはあまりにも長いことそのビデオゲームをやり続けているわ。

　　　B：わかったよ，お母さん。今ゲームをするのをやめるよ。

⒁ 1「どこに」，2「いつ」，3「どのように」，4「だれが」。Bが「1時間後に始まる」と言っていることから時をたずねるwhenが入る。

訳　A：ダンスの演技がいつ始まるか知ってる？

　　　B：1時間後に始まるわ，だからすぐに家を出なきゃね。

P78〜79　勧誘・提案

✏ といてわかる

(1) **1**　(2) **3**　(3) **2**　(4) **2**　(5) **4**

解説

⑴ 1 それはいい考えだね。2 ぼくたち，すぐに出発しなきゃ。3 それはぼくたちの宿題じゃないよ。4 ぼくはもうそれを終わらせちゃったよ。

訳　男の子1：やらなきゃいけない宿題がたくさんあるね。

　　　男の子2：図書館でいっしょに宿題をするのはどうかな？

　　　男の子1：それはいい考えだね。

⑵ 1 料理はすべておいしかったです。2 ここのサービスは最高ですね。3 コーヒーをお願いします。4 とてもすばらしい時間を過ごしています。

訳　接客係：お客様，ほかに何かほしいものはございますか。

　　　男性：コーヒーをお願いします。

　　　接客係：すぐにお持ちいたします。

⑶ 1 そのほうがぼくには簡単だよ。2 代わりにぼくが皿洗いをするよ。3 それはすでにきれいだよ。4 あなたはそれが上手だね。

訳　妻：私は皿洗いをするわ。あなたはリビングルームのおそうじできるかしら？

　　　夫：代わりにぼくが皿洗いをするよ。部屋のそうじ

はぼくより君のほうが上手だからね。

⑷ 1 そのことを知ってた？2 あなたも私たちといっしょに行かない？3 私はそこに行ってもいい？4 あなたといっしょに行きましょうか？

訳　女の子1：私たちの家族はキャンプに行くのよ。あなたも私たちといっしょに行かない？

　　　女の子2：ぜひ行きたいわ。両親にそのことについてきいてみるね。

⑸ 1 あなたの番よ。2 あなたの言うとおりね。3 もちろん私はそうよ。4 たぶん，あとでね。

訳　夫：今，この映画を見ないか？

　　　妻：たぶん，あとでね。先にこの本を読み終えてしまいたいの。

P80〜81　感想・意見・同意

✏ といてわかる

(1) **1**　(2) **4**　(3) **1**　(4) **4**　(5) **2**

解説

⑴ 1 とてもいいね。2 それはぼくのじゃないよ。3 よくやったね。4 ぼくはもっといいのを持ってるよ。

訳　男の子1：ぼくの新しい帽子どう思う？

　　　男の子2：とてもいいね。ぼくもそういうのがほしいな。

⑵ 1 ぼくは勉強を始めたんだ。2 ぼくはテストを受けなかったんだ。3 ぼくはもうそれを見たよ。4 まだわからないよ。

訳　母：テストの成績はどうだったの？

　　　息子：まだわからないよ。答案はすぐ返却される予定だよ。

⑶ 1 興奮する試合だったよね？2 君はそれを見なかったの？3 それは何時だったの？4 だれが君といっしょにそれを見たの？

訳　男性1：昨日のバスケットボールの試合見た？

　　　男性2：もちろんだよ。興奮する試合だったよね？

　　　男性1：うん，そうだね。

⑷ 1 はい，どうぞ。2 あなたもね。3 お先にどうぞ。4 悪くなかったわ。

訳　妻：新しいイタリア料理店はあまり高くなかったわ。

　　　夫：料理はおいしかった？

　　　妻：悪くなかったわ。

⑸ 1 あなたは行かないの？2 彼に（直接）聞いてみたら？3 彼はどこに行くの？4 パーティーはいつ始まるの？

訳　男性：ハドソンさんは明日のパーティーに来るのか

な？

女性：わからないわ。彼に（直接）聞いてみたら？

男性：そうだね，彼にメールを送ってみるよ。

P82〜83 買い物での会話

 といて わかる

(1) **1** (2) **3** (3) **2** (4) **3** (5) **3**

解説

(1) **1** 見ているだけです。**2** それは私には合いません。**3** 別のがほしいです。**4** それは私には大きすぎます。

訳 店員：ご用件は何でしょうか。

　客：ただ見ているだけです，ありがとう。

　店員：何か必要なものがございましたら，お知らせください。

(2) **1** 試着室はあちらにございます。**2** お買い物をお楽しみください。**3** それらは5階にございます。**4** 私たちはたくさんの服をご用意いたしております。

訳 客：すみません。おもちゃはどこで見つかりますか。

　店員：それらは5階にございます。エレベーターは向こうにございます。

(3) **1** それは当店ではございません。**2** もっと大きめのものをお持ちいたします。**3** 小さめのサイズがございます。**4** それを試着できます。

訳 客：このスカートは私には小さすぎます。

　店員：見せてください。もっと大きめのものをお持ちいたします。

(4) **1** それは残念です。**2** 申し訳ございません。**3** 承知しました。**4** おめでとうございます。

訳 男性：ぼくのハンバーガーは玉ねぎ抜きにしていただきたいです。

　接客係：承知しました。問題ございません。

(5) **1** 注文の用意ができました。**2** メニューがありません。**3** まだ決めていません。**4** お料理はまもなく出てまいります。

訳 接客係：ご注文をお聞かせください。

　女性：ごめんなさい，まだ決めていません。

　接客係：わかりました。お客様のご用意ができましたらすぐに参ります。

P84〜85 道案内・電話

 といて わかる

(1) **4** (2) **1** (3) **1** (4) **2** (5) **2**

解説

(1) **1** この道で正しいですか。**2** 私に話してもらえますか。**3** あなたはどこに行ったのですか。**4** あなたは道に迷っているのですか。

訳 女性1：あなたは道に迷っているのですか。お手伝いさせてください。

　女性2：ありがとうございます。博物館にはどう行けばいいのですか。

(2) **1** それ（電話）に出てもらえる？**2** 音量を小さくしてもらえる？**3** そのベルを鳴らしてもらえる？**4** 電話をかけてもらえる？

訳 娘：お母さん，電話が鳴っているよ。

　母：今，料理中なの。それ（電話）に出てもらえる？

　娘：いいよ。

(3) **1** それが見つかりますよ。**2** 駅は向こうです。**3** 銀行はありません。**4** 銀行は閉まっています。

訳 男性1：すみません，銀行に行く道を教えていただけますか。

　男性2：いいですよ。次の角を左に曲がってください。そうしたら，それが見つかりますよ。

(4) **1** はい，君のチケットだよ。**2** こちらから電話をかけなおすよ。**3** それはまだ到着していないよ。**4** 君には時間がないよ。

訳 女性：こんにちは，ロビン。今どこにいるの。

　男性：やあ，サリー。ごめんね，ちょうど今，電車に乗るところなんだ。こちらから電話をかけなおすよ。

(5) **1** あなたは行く必要はありません。**2** あなたはそこを通り過ぎてしまいましたよ。**3** 私はもうそれを買いました。**4** 私は代わりにそこを訪ねます。

訳 男性：パン店がどこにあるかご存じですか。

　女性：あなたはそこを通り過ぎてしまいましたよ。その道を戻らなければなりません。

P86〜87 その他の表現

 といて わかる

(1) **4** (2) **2** (3) **1** (4) **1** (5) **2**

解説

(1) **1** 楽しんできてください。**2** おなかはすいていません。**3** 私はイタリア料理は作れません。**4** おっしゃる通りですね。

訳 女性：その新しいイタリア料理店は本当においしいですよ。

男性：おっしゃる通りですね。私も先週の日曜日に行ってきました。

(2) **1** 私は電車で行くわ。**2** 心配しないで。**3** それは彼の家じゃないわ。**4** バスがもうすぐ来るわ。

訳 **妹[姉]**：明日おじいちゃんの家に行くのよ。

兄[弟]：どのバスに乗るか知ってる？

妹[姉]：心配しないで。お母さんが車でそこまで送ってくれることになってるの。

(3) **1** よくわからないわ。**2** わかってる。**3** もちろんよ。**4** 問題ないわ。

訳 **母**：昨日の夜は何時に寝たの？

娘：よくわからないわ。

母：もっと早く寝るようにしたほうがいいわね。

(4) **1** はい，どうぞ。**2** それは私のではないよ。**3** よくやったね。**4** 君は1台持っているよね。

訳 **息子**：お父さんのコンピューターを使ってもいい？

父：はい，どうぞ。ああ，君が使う前にメールを1通だけ送らせてね。

(5) **1** それはどんな種類なの？**2** どうしたの？**3** あなたはどうなの？**4** あなたのネコの名前はなんて言うの？

訳 **女の子1**：悲しそうね。どうしたの？

女の子2：私のネコがいなくなっちゃったの。

女の子1：あのしっぽの長いネコのこと？

P88～89 確認のテスト⑥

(1) 4　(2) 3　(3) 1　(4) 3　(5) 4
(6) 3　(7) 1　(8) 2　(9) 4　(10) 1

解説

(1) **1** それは高すぎるわ。**2** 私あなたのシャツが気に入ったわ。**3** それはすてきな写真ね。**4** あなたにとてもよく似合っているわ。

訳 **娘**：お母さん，この新しいドレスどう？

母：あなたにとてもよく似合っているわ。来週のパーティーにそれを着ていくといいわ。

(2) **1** これが初めてなんです。**2** 私がそれをあなたに買ってあげます。**3** 向こうに1つありますよ。**4** それをあなたが持っていてもいいですよ。

訳 **男性1**：すみません。このあたりにコンビニはありますか。

男性2：向こうに1つありますよ。道の向かい側の警察署の隣にあります。

(3) **1** 残念だけど，できないわ。**2** それは私の教室じゃないわ。**3** いいわよ，どうぞ。**4** あなたは一生懸命に勉強してるね。

訳 **男の子**：君の数学の教科書をぼくに貸してくれない？

女の子：残念だけど，できないわ。今日はそれを持っていないの。

(4) **1** このあたりはよく知らないんだよ。**2** その理由を君に話そう。**3** それを聞いてうれしいよ。**4** すぐに行くよ。

訳 **生徒**：ぼくは明日の遠足を楽しみにしているんです。

先生：それを聞いてうれしいよ。きっと楽しんでもらえると思うよ。

(5) **1** 私たちはそれを楽しんだわね。**2** よくやったわ。**3** それはとても遠いわ。**4** 聞いてくれてありがとう。

訳 **男性**：ジェーン，気分はどう？

女性：もう熱はないわ。だからもう大丈夫よ。聞いてくれてありがとう。

(6) **1** チケットは持ってる？**2** 何を飲んでいるの？**3** 休憩しない？**4** ケーキはどうだった？

訳 **女性**：ポール，休憩しない？

男性：いいよ。ぼくも疲れたよ。あの喫茶店に行こう。

(7) **1** こちらにどうぞ。**2** その考えを気に入りました。**3** 当店はもう閉店いたしました。**4** 申し訳ありませんが，それはお客様のものではありません。

訳 **店員**：何名様でしょうか。

女性：大人4人と子ども3人です。

店員：承知しました。こちらにどうぞ。

(8) **1** ぼくは1人でそこに行くよ。**2** それまで待てないよ。**3** それはぼくがほしいものじゃないよ。**4** 番号を間違えているよ。

訳 **父**：君が16歳になったらスマートフォンを買ってあげるよ。

息子：それまで待てないよ。今，スマートフォンがほしいんだ。

(9) **1** 君が来られるといいね。**2** ぼくも同じものにするよ。**3** 昨日それを始めたんだ。**4** ぼくの用意はほとんどできてるよ。

訳 **妻**：出かける用意はできた？　私たち映画に遅れちゃうわ。

夫：ぼくの用意はほとんどできてるよ。2，3分だけ待って。

(10) **1** 今度はあなたの番よ。**2** それはあなたにはよかったわ。**3** まったくそんなことないわ。**4** それは私のものじゃないわ。

訳 **姉[妹]**：お風呂場をそうじした？

弟[兄]：ううん，なんでぼくがしなきゃいけないの？

姉[妹]：今度はあなたの番よ。私は昨日それをしたんだから。

✎ といてわかる

(1) **2** (2) **4**

解説

(1) should meetで「会うべき」の意味。ボランティアに参加する保護者が最初に会うのは「20名の保護者の方を必要とします」のすぐあとに書かれてある日付と場所である。10月14日金曜日，美術室で**2**が正解。
(2) ボランティアに参加したい人は，案内文の末尾にsend an email to Ms. Denisとある通り，美術教師のデニス先生に連絡しなければならない。**4**が正解。

訳

保護者ボランティア募集！
スプリングビル小学校では10月15日土曜日から翌16日まで生徒の美術作品の展示会を開催いたします。お手伝いいただける20名の保護者の方を必要としています。
　日付：10月14日金曜日
　時間：午後1時から午後5時
　場所：美術室
私たちは皆さんに生徒の美術作品を美術室から体育館に移していただきたいと思います。それから作品を体育館内と廊下に展示していただきます。作業終了後，家庭科室にお茶とスナック菓子をご用意いたしますので，ご自由にお取りください。
ご興味のある方は9月30日までに美術教師のデニス先生のアドレスemmadenis@spvilleschool.com宛にメールをお送りください。

(1) 保護者ボランティアが会うべきなのは
　1　9月30日に家庭科室で。
　2　10月14日に美術室で。
　3　10月15日に体育館で。
　4　10月16日に廊下で。

(2) ボランティアに参加したい保護者がしなければならないことは
　1　生徒の美術作品をチェックする。
　2　行事の当日に学校に来る。
　3　お茶とスナック菓子を出す。
　4　デニス先生に連絡をする。

✎ といてわかる

(1) **3** (2) **2** (3) **2**

解説

(1) まず*Stars are Shining*を探す。最初のEメールの4文目に，『星は輝いている』がいちばんのお気に入りとある。そして次の文でその理由をit always makes me happy「その映画はいつもぼくを幸せにしてくれる」と書いている。これをhe can feel happyと言い換えた**3**が正解。
(2) 2つ目のEメールの中で，ジョンソン氏はFirstとSecondを使って，2つのアドバイスをしている。ケンジへの1つ目のアドバイスでI want you to try as many things as you are interested in.「君には自分が興味のあることにできるだけたくさん挑戦してもらいたい」と述べている。これをexperience a lot of things「たくさんのことを経験すべき」と言い換えた**2**が正解。
(3) ケンジがジョンソンさんからの返事をもらったあとで始めたことは，3つ目のケンジの書いたEメールの2文目に，I decided to start making a movie.「ぼくは映画を作り始めることにしました」とある。**2**が正解。

訳

送信者：ケンジ・ヤマシタ 受信者：ポール・ジョンソン 日付：2月3日 件名：あなたの大ファンです
ジョンソン様， ぼくの名前はケンジ・ヤマシタです。ぼくは日本の中学生です。これはぼくのあなたへの最初のファンレターです。ぼくはあなたの映画が大好きです。特に『星は輝いている』がいちばんのお気に入りです。その映画は，いつもぼくを幸せにしてくれるので，何回も見ています。ぼくはアメリカの大学で映画について学び，あなたのように映画プロデューサーになりたいと思っています。だから，ぼくは英語をとても熱心に勉強しています。ぼくの夢をかなえるために何かすべきことはありますか。もしアドバイスをいただけるならうれしいです。 敬具， ケンジ

<table>
<tr><td>
送信者：ポール・ジョンソン
受信者：ケンジ・ヤマシタ
日付：2月10日
件名：未来の映画製作者へ
</td></tr>
<tr><td>
ケンジへ，
君がぼくの映画を気に入ってくれていて，将来，映画を作りたいと思っていることを聞いてとてもうれしいです。君にいくつかアドバイスをしようと思います。最初に，映画というものは製作者の経験から作られるものだということを覚えておいてください。君には自分が興味のあることにできるだけたくさん挑戦してもらいたいと思います。次に，君はすぐにでも映画を作り始めるべきです。大学生になるまで待つ必要はありません。完璧な映画を作る必要はありません。君がしなければならないことは挑戦することなのです。失敗することを恐れないでください。夢をあきらめないでください。いつかあなたの映画を見ることを楽しみにしています。
成功を祈っています，
ポール・ジョンソン
</td></tr>
<tr><td>
送信者：ケンジ・ヤマシタ
受信者：ポール・ジョンソン
日付：2月11日
件名：ありがとうございます！
</td></tr>
<tr><td>
ジョンソン様，
まさかお返事をもらえると期待していなかったので，お返事をもらえてとても興奮しています。ぼくは映画を作り始めることにしました。今は映画のためのストーリーを書いています。とても難しいですが，おもしろいです。ぼくは今，できることがたくさんあることがわかりました。いつか，アメリカでいっしょにお仕事ができたらいいなと思っています。あなたの新しい映画を楽しみにしています。
敬具，
ケンジ
</td></tr>
</table>

(1) なぜケンジは『星は輝いている』が好きなのか。
1 映画プロデューサーについての映画だから。
2 それはジョンソン氏のお気に入りの映画だから。
3 彼が幸せを感じることができるから。
4 彼は映画を作りたいから。

(2) ジョンソン氏のケンジへのアドバイスとは何か。
1 ケンジは英語の勉強を始めるべきだ。
2 ケンジはたくさんのことを経験すべきだ。

3 ケンジはアメリカの大学に行くべきだ。
4 ケンジは完璧な映画を作るべきだ。

(3) ケンジはジョンソン氏からの返事を受け取ったあとに何を始めたか。
1 英語をもっと一生懸命に勉強する。
2 自分自身の映画を作る。
3 ジョンソン氏についての物語を書く。
4 ジョンソン氏の新しい映画を見る。

P96〜97 説明文

✎ といてわかる

(1) **2** (2) **2** (3) **1** (4) **1** (5) **1**

解説

(1) レイチェル・カーソンが子どものころになりたかったものは第1段落の4文目にAs a child, she wanted to be a writer「子どものころは作家になりたいと思って…」とある。**2**が正解。as a child「こどものころ」を質問文ではWhen Carson was a childと言い換えている。

(2) アメリカ政府に就職したカーソンの仕事については質問文のU.S. governmentを探すと，第2段落の2文目に見つかる。周辺を読むと4文目にShe also wrote a pamphlet to educate the public about protecting fish「彼女はまた，魚の保護について世間を教育するためにパンフレットも書いた。」とある。これをgiving people information about protecting fish「人々に魚の保護についての情報を与える」と言い換えた**2**が正解。

(3) 1962という年号を本文で探すと，第3段落の初めに見つかる。In 1962, she published a book titled *Silent Spring*.「1962年に彼女は『沈黙の春』という書名の本を出した」とある。これをCarson's book started to be sold.と受け身の形に言い換えた**1**が正解。

(4) 化学薬品会社がカーソンを激しく非難し始めたことは第4段落冒頭に書かれているが，その理由については「この本のために（非難された）」とあるが，直接的には書かれていない。したがってこの本が世間に与えた影響から考えることが必要になる。第3段落から読み取れることは，この本が，農薬の自然環境に与える害とひいてはそれが人間の生命にも悪影響を与えることを世間に訴えたことである。このため，農薬が売れなくなることを心配した化学薬品会社がカーソンを激しく非難したと考

えられる。1が正解。

(5) この物語は全体として農薬の自然環境に及ぼす害を告発したレイチェル・カーソンというアメリカ人科学者について書かれている。「環境問題」や「農薬の危険性」はその中で紹介されたことでありこの物語全体のテーマとは言えない。1が正解。

訳

レイチェル・ルイーズ・カーソン

　今日，私たちは「環境問題」についてよく話題にする。この問題を最初に世の中に提起した1人がレイチェル・カーソンだ。彼女は1907年アメリカ・ペンシルベニア州で生まれた。子どものころは作家になりたいと思っており，彼女がもっとも好きなテーマは「海」であった。彼女はのちに海をテーマにした3冊の本を書き,そのうちの1冊『われらをめぐる海』はベストセラーとなった。

　カーソンは大学生のとき，生物の授業がきっかけで，この分野の科学者になりたいと思うようになった。1936年，彼女はアメリカ政府で専門職の科学者として働き始めた。彼女の主な仕事は海に生息する魚の調査であった。彼女はまた，魚の保護について世間を教育するためにパンフレットも書いた。1950年代後半，カーソンは農業用殺虫剤（農薬）が引き起こすいくつかの問題に関心を持つようになった。

　1962年に彼女は『沈黙の春』という書名の本を出した。本の中でカーソンは，農業用殺虫剤の危険性について世間に訴えた。それらは虫を殺すだけでなく，それらの虫を食べる鳥や小動物の命をもうばった。殺虫剤はまた，川にも流れこみ魚を殺した。こうした事実は当時，あまり知られていなかった。彼女はまた，何もなされなければこの汚染が地球全体に被害をもたらし，しまいには人類の生命をおびやかすだろうと言った。彼女は本の中で，"自然界には，単独で存在するものはない"と言っている。

　カーソンはこの本のために，多くの化学薬品会社から激しく非難された。しかし，本は世間に大きな衝撃を与えた。この本のおかげで世界は環境問題に目を開かされ，それは人類史上における環境保護運動の起点となった。

(1) カーソンが子どものころ，彼女は
　1　環境問題に興味があった。
　2　作家になりたかった。
　3　海で泳ぐことが大好きだった。
　4　ベストセラーの本を読んだ。

(2) カーソンのアメリカ政府での仕事は何だったか。
　1　売るための魚をとること。
　2　人々に魚の保護についての情報を与えること。
　3　農業用殺虫剤（農薬）を作ること。
　4　森を守ること。

(3) 1962年に何があったか。
　1　カーソンの本が売られ始めた。
　2　カーソンが公害についてのスピーチをした。
　3　多くの生物が死んだ。
　4　公害が世界に被害を与えた。

(4) なぜ化学薬品会社はカーソンを激しく非難したのか。
　1　彼女の本が人々に農業用殺虫剤（農薬）の危険性を知らせた。
　2　政府が農業用殺虫剤（農薬）を買うのをやめた。
　3　人々が環境に害を与え始めた。
　4　彼らは自分たちの農業用殺虫剤（農薬）が地球を救うと考えた。

(5) この話は何についてか。
　1　有名なアメリカ人科学者。
　2　世界の環境問題。
　3　農業用殺虫剤（農薬）の危険性。
　4　沈黙について書かれた本。

P100〜101 WhatやWhereなどで始まる疑問文の問題

 といてわかる

❶ [解答例]

I want to be a soccer player in the future. First, I love playing soccer very much. Second, my dream is to play on the national team and make the team number one in the world. (36語)

解説

What do you want to be in the future? のような質問の場合は、I want to be のあとになりたい人物像を答え、そのあとにin the futureを続ける。I have two reasons. は付けても付けなくてもよいが、理由は必ず、異なるものを2つ挙げる。

訳

[質問] あなたは将来、何になりたいですか。

[解答例]

私は将来、サッカー選手になりたいです。第1に、私はサッカーをすることがとても好きです。第2に、私の夢が日本代表チームでプレーしてチームを世界一にすることだからです。

❷ [解答例]

I want to visit my grandparents. First, I can see my uncles, aunts, and cousins at my grandparents' house. Second, I can go to a hot spring and go skiing with my cousins. It is so much fun. (38語)

解説

質問がWhere do you want to go 〜? とWhereで場所をたずねているので、最初にI want to go[visit]を使って、自分が行きたい場所を答える。on my winter vacation「冬休みに」は付けても付けなくてもよい。語数が足りない場合はこのようなフレーズも加えて、最低でも25語以上になるようにしよう。また、英文は自分が書ける範囲で間違いのない文を書くことが大切である。

訳

[質問] あなたは冬休みにどこに行きたいですか。

[解答例]

私は祖父母を訪ねたいです。まず、祖父母の家でおじ、おば、いとこたちに会えます。次に、いとこたちといっしょに温泉やスキーに行けます。それはとても楽しいです。

P102〜103 Which do you like better,で始まる問題

といてわかる

❶ [解答例]

I like face-to-face classes better than online classes because I can join the class more seriously. Also, it is easier to hear other students' opinions and communicate with them during group work when we see each other face-to-face. (38語)

解説

Which do you like better, A or B? の質問では、I like A better (than B)かI like B better (than A)と好きなほうをどちらかにしぼって書くことが必要。I like A, but I also like B「私はAが好きですが、Balso好きです」のような解答は減点対象になる。解答例では2つの理由をbecauseとAlsoを使って書いているが、Also以降のような長い文が書けない、または思いつかない場合は、and communicate ... 以下のような部分は書かなくてもよいだろう。ただし理由を2つ書くことは必須。そのうえで、単語数が合計で25語以上あれば問題はない。

訳

[質問] あなたはオンライン授業と対面授業のどちらのほうが好きですか。

[解答例]

私はオンライン授業よりも対面授業のほうが、より真剣に授業に参加できるので好きです。また、お互い顔を見ながらだと、ほかの生徒の意見も聞きやすく、グループワークでもコミュニケーションが取りやすいです。

❷ [解答例]

I like watching sports on TV better. First, I can save time because I don't have to go to the stadium. Also, I can see the important scenes in slow motion on TV, so I don't miss them. (38語)

解説

文を長くするためのコツは、... because 〜やso 〜などの接続詞を適切に使って文を加えていくことだ。scene「シーン、場面」はカタカナ語にもなっているが、スペルの間違いに気を付けよう。また... slow motion on TVまでで33語あるので、最後のso以下の文はなくてもよい。

22

訳

[質問] あなたはスポーツをテレビで見るのとスタジアムで見るのとでは，どちらのほうが好きですか。

[解答例]

私はテレビでスポーツを見るほうが好きです。まず，スタジアムに行かなくてもいいので時間を節約できます。また，テレビだと大事なシーンがスローモーションで見られるので，それらを見逃すことがありません。

P104〜105 Doで始まる疑問文の問題

 といてわかる

❶ [解答例]

Yes. I like to travel. First, I can see views that I have never seen before and eat food I have never eaten before. Second, when I visit museums and historical buildings, I can learn about history.

（37語）

解説

Do you like 〜？　のようにDoで始まる疑問文はYes, Noを先に言うことが大切。そのあとにI like to 〜やI don't like to 〜を加える。自分の立場や考えを相手に明確に伝えることが大切である。また，時制にも気を付けよう。「これまでに見たことのない景色」と言う場合は，解答例のように現在完了形を使って表すことが適切な言い方になる。さまざまな文法や語い・熟語を使うことでスコアアップにつながる。

訳

[質問] あなたは旅行に行くことが好きですか。

[解答例]

はい。私は旅行に行くことが好きです。第1に，これまで見たことのない景色を見たり，食べたことのない食べ物を食べたりできます。第2に，博物館や歴史的建造物を訪れると，歴史を学ぶことができます。

❷ [解答例]

No. I do not want to live abroad because I hear that it is not safe compared to Japan. Also, I think in Japan, we can eat a greater variety of delicious food.

（33語）

解説

Do you want to 〜？　もYes, Noを先に答えてI want to 〜またはI don't want to 〜と続ける。理由に関して，最初にNoと言っているのに，I want to visit foreign countries someday. 「いつか外国を訪れてみたい」などのちぐはぐな解答は減点の対象になるので気を付けよう。it is not safe compared to Japanのcompared「〜に比べて」のような難しい単語が思いつかない場合は「it is not safe in foreign countries（外国は安全ではない）」や「it is dangerous in foreign countries（外国は危険である）」「Japan is much safer than foreign countries（日本は外国よりずっと安全である）」など自分で書ける表現を探そう。dangerousがわからないときはnot safeにするなど，反対の言い回しなら簡単に書ける場合もあるので，この方法を覚えておくとよい。

訳

[質問] あなたは海外に住みたいですか。

[解答例]

いいえ。私は，日本に比べて安全ではないと聞くので，海外には住みたくありません。また，日本のほうがもっと豊富な種類のおいしい食べ物を食べられると思います。

P106〜107 確認のテスト⑦

❶ [解答例]

I enjoy seeing my friends at school. First, I like to talk and exchange information about many things with them. Second, we can play sports together after school at club activities.

（31語）

解説

enjoy doingを使ったこの質問では，同じように〈enjoy＋動名詞〉を使って答えよう。I enjoy breaks between the classes. 「休み時間を楽しんでいる」のような答え方にしないように注意する。I enjoy talking with my friends during the breaks.のように，「〜することを楽しむ」という表現にまとめよう。

訳

[質問] あなたは学校では何をして楽しんでいますか。

[解答例]

私は学校で友達と会うことを楽しんでいます。まず，友達と色々なことを話して情報交換をすることが好きです。次に，放課後，クラブ活動でいっしょに運動をすることもできます。

❷ [解答例]

I like to live in a big city better. First, it's convenient. There are many stores and hospitals there, and many buses and trains are running. Second, there are a lot of places that I can enjoy. For example, theaters, museums, restaurants, and department stores. (45語)

解説

Which do you like better, A or B? の質問なので，I like A better (than B). かI like B better (than A). のように答える。解答例ではI like to live ...のようにto不定詞を使っているが，I like living ...と動名詞を使って表してもよい。いろいろな文法を使うとスコアアップにつながる。また「たくさんの」もmanyとa lot ofのように別の表現を使ったり，For exampleを使ってサポート文を追加したりすることで，スコアアップをねらえる。

訳

[質問] あなたは大都市に住むのと自然豊かな場所に住むのと，どちらのほうが好きですか。

[解答例]
私は大都市に住むほうが好きです。第1に，便利です。そこにはたくさんのお店や病院があって，バスや電車もたくさん走っています。第2に，私が楽しめる場所がたくさんあります。例えば，劇場，博物館，レストラン，デパートなどです。

📝 といてわかる

(No. 1) **1**　(No. 2) **3**　(No. 3) **2**
(No. 4) **1**　(No. 5) **3**

解説

No.1
男性は最後に「来週（もう1度この店に食べに来るというの）はどう？」と聞いている。男性は時期について話しているので，「それは早すぎる」と答えている**1**が正解。

No.1 放送文

★: I like this restaurant.

☆: Me, too. Let's come again.

★: Yeah. How about next week?
　1 That's too soon.
　2 It's not my dish.
　3 I'll show you the way.

★：このレストラン気に入ったよ。

☆：私もよ。また来ようね。

★：そうだね。来週はどう？
　1 それは早すぎるわ。
　2 それは私の料理じゃないわ。
　3 私が道案内をしてあげるわ。

No.2
女性は最後に「リビングは確認したの？」と男の子にたずねている。Yes「うん」と答えたあと，「そこにはなかった」と答えている**3**が正解。

No.2 放送文

☆: Are you looking for something?

★: Yeah, my backpack.

☆: Did you check the living room?
　1 OK. I'll put it there.
　2 No. It's for you.
　3 Yes. It wasn't there.

☆：何か探してるの？

★：うん，ぼくのバックパック。

☆：リビングは確認したの？
　1 わかった。そこに置くよ。
　2 ううん。それはお母さんのためのだよ。
　3 うん。そこにはなかった。

No.3
女性の「今，折り返し電話をかける？」に対して，「たぶん，あとでね」と答えている**2**が正解。call A back

で「Aに折り返し電話をかける」という意味。

No.3 放送文

☆: Mr. Jordan called you while you were out.

★: I see. Thank you.

☆: Will you call him back now?

  1 Yes, I'll be there.

  2 Maybe later.

  3 I'm home.

☆: あなたが出かけている間にジョーダンさんから電話があったわ。

★: わかった。ありがとう。

☆: 今，折り返し電話をかける？

  1 うん，そこに行くよ。

  2 たぶん，あとでね。

  3 ただいま。

No.4

女性は最後にHow long ～？「どれくらいの時間～？」と，「空港までにかかる時間」をたずねている。「30分くらい」と時間を答えている**1**が正解。How long will it take? のtakeは「(時間) がかかる」という意味。

No.4 放送文

☆: To the airport, please.

★: Certainly.

☆: How long will it take?

  1 About half an hour.

  2 I'll drive for you.

  3 It was 10 minutes ago.

☆：空港までお願いします。

★：かしこまりました。

☆：どのくらいかかりますか。

  1 30分くらいです。

  2 私が運転します。

  3 10分前でしたよ。

No.5

男性は最後にWhere?と「パン店の場所」を聞いている。場所については具体的には答えていないが，代わりに「そこまで連れて行ってあげる」と答えている**3**が正解。

No.5 放送文

★: I need to buy my lunch.

☆: There's a popular bakery over there.

★: Where?

  1 I ate it already.

  2 This bread is good.

  3 I'll take you there.

★：お昼を買わなきゃいけないな。

☆：向こうに人気のあるパン店があるわ。

★：どこに？

  1 私はもうそれを食べたわ。

  2 このパンはおいしいわね。

  3 そこまで連れて行ってあげる。

P112~113 リスニング 第1部②

📝 **といて わかる**

(No. 1) **2** (No. 2) **3** (No. 3) **2**
(No. 4) **1** (No. 5) **2**

解説

No.1

髪を切ったかたずねられた男性が，「ほんの少し」と答えている。それに対する女性の返答は髪形のことを「よく似合っている」とほめている**2**が正解。a little bitは「ほんの少し」という意味。

No.1 放送文

★: Hi, Emma.

☆: Hello, Bob. Did you cut your hair?

★: Yes, just a little bit.

  1 I have many.

  2 You look nice.

  3 It's very high.

★：やあ，エマ。

☆：こんにちは，ボブ。髪を切ったの？

★：うん，ほんの少しね。

  1 私はたくさん持ってるわ。

  2 よく似合ってるね。

  3 それはとても高いわ。

No.2

「(コピーを) 手伝う」と言っている男性に対して「とても親切ですね」と応じている**3**が正解。It's time for ～は「～の時間です」という意味。

No.2 放送文

★: It's almost time for the meeting.

☆: I have to finish copying these before that.

★: I'll help you.

  1 Great, you did it.

  2 I don't have any.

  3 You're very kind.

★：そろそろ会議の時間だよ。

☆：その前にこれをコピーし終えないといけないんです。

★：手伝うよ。
1 すごい，やりましたね。
2 私はひとつも持っていません。
3 あなたはとても親切ですね。

No.3

客は男性に「お水をいただけませんか」と頼んでいる。その返事として自然なのは**2**の「すぐにお持ちいたします」である。Could I ～? はCan I ～? をていねいにした言い方。I'll be right back. は「すぐに戻ってまいります」という意味だが，レストランの注文の場面などでは「（頼まれたものや料理などを）すぐにお持ちいたします」という意味でも使う。

No.3 放送文

☆: Excuse me.

★: Yes, ma'am. How can I help you?

☆: Could I have some water, please?

1 Sorry, we're closed today.

2 Sure, I'll be right back.

3 Here's the menu.

☆：すみません。

★：はい，お客様。どのようなご用件でしょうか。

☆：お水をいただけますか。

1 申し訳ありません，本日は閉店しております。

2 承知いたしました。すぐにお持ちいたします。

3 こちらがメニューです。

No.4

最後に「これはどうでしょうか」と店員に聞かれて，シャツに対する感想を「悪くないわね」と述べた**1**が正解。find A Bで「AにBを見つけてあげる」という意味。

No.4 放送文

★: I'll find you a nice shirt.

☆: Thanks.

★: What do you think of this one?

1 Not bad.

2 It's pretty cold.

3 That's all.

★：すてきなシャツをお探しいたします。

☆：ありがとう。

★：これはどうでしょうか。

1 悪くないわね。

2 かなり寒いわ。

3 以上です。

No.5

「この算数の問題が解けない」と言っている娘に対して

「見せてごらん」と返答している**2**が正解。solveは「～を解く」という意味。

No.5 放送文

☆: Do you have time now, Dad?

★: Yes, Susie. What is it?

☆: I can't solve this math question.

1 I finished my test.

2 Let me see it.

3 It's your turn.

☆：お父さん，今，時間ある？

★：あるよ，スージー。何かな？

☆：この算数の問題が解けないの。

1 私は試験は終わったよ。

2 見せてごらん。

3 今度は君の番だよ。

P114~115 リスニング 第2部①

✏ といてわかる

(No. 1) **4**　(No. 2) **4**　(No. 3) **3**
(No. 4) **3**　(No. 5) **3**

解説

No.1

質問はWhere ～? で，場所が問われている。母親に「6時に車で迎えに来て」と頼んだ男の子はI'll be at Jack's house at that time.「その時間にはジャックの家にいるよ」と答えている。that timeは「6時」のことなので**4**が正解。pick up ～は「～を車で迎えに行く」という意味。

No.1 放送文

★: Mom, can you pick me up at six?

☆: Sure, Danny. Are you at the park near the school?

★: Yes, but I'll be at Jack's house at that time.

☆: All right.

Question: Where will Danny's mother pick him up?

★：お母さん，6時に車でぼくを迎えに来てくれる？

☆：いいわよ，ダニー。あなたは学校の近くの公園にいるの？

★：そうだよ，でもぼくはその時間にはジャックの家にいるよ。

☆：わかったわ。

質問：ダニーの母親は彼をどこに迎えに行くか。

選択肢訳
1 学校に。　　　　　　2 公園に。
3 駅に。　　　　　　　4 ジャックの家に。

No.2

週末に2人で水族館に行くつもりだった男性に女性は「水族館は閉館してることがわかった」と言い，Why don't we go shopping instead?「その代わりにショッピングに行かない？」と提案した。男性はOK.とその提案を受け入れているので**4**が正解。Why don't we ～? は「～しませんか」と人に提案するときの表現。

No.2 放送文

☆: Did you finish your history report?

★: Yes. So, I can go to the aquarium with you this weekend.

☆: I found out it is closed now. Why don't we go shopping instead?

★: OK.

Question: What will they do this weekend?

☆：歴史のレポートは書き終えたの？

★：うん。だから今週末，君と水族館に行けるよ。

☆：そこは今は閉館してることがわかったの。その代わりにショッピングに行かない？

★：いいよ。

質問：彼らは今週末，何をするか。

選択肢訳
1 歴史のレポートを書く。　　2 水族館に行く。
3 いっしょに勉強する。　　　4 買い物に行く。

No.3

質問のWhose ～? は「だれの～?」という意味で，机の上の本がだれのものかが話題になっている。選択肢からも「だれのもの」かが問われると推測できる。女の子は最後にit must be hers.「それは彼女（姉［妹］）のものにちがいないわ」と言っているので，**3**が正解。このmustは「～にちがいない」という意味。

No.3 放送文

★: Is this book on the desk yours, Sarah?

☆: I think it's my brother's.

★: Wait. Your sister's name is written on it.

☆: Oh, is it? Then it must be hers.

Question: Whose book is on the desk?

★：机の上にあるこの本は君の，サラ？

☆：それは兄［弟］のものだと思うわ。

★：待って。君の姉［妹］の名前が書かれているよ。

☆：あら，そう？　それじゃあ，それは彼女のものに違いないわ。

質問：机の上にあるのはだれの本か。

選択肢訳
1 サラの。　　　　　　2 サラの兄［弟］の。
3 サラの姉［妹］の。　　4 サラの母親の。

No.4

質問はHow much ～? なので，価格が問われている。選択肢からも価格が問われると推測できる。黒いいすと茶色いいすの価格が話題になっているが，質問で聞かれているのは黒いいすのほうである。女性店員は黒いいすについてnow it's $42と言っているので**3**が正解。What about ～? は「～はどうですか」という意味。

No.4 放送文

★: Hi. How much is this black chair?

☆: We discounted it 20% and now it's $42.

★: That's a good price. What about this brown one?

☆: That one is $53.

Question: How much is the black chair?

★：こんにちは。この黒いいすはいくらですか。

☆：それは20％割引しておりまして，今は42ドルです。

★：いい値段ですね。この茶色いすはどうですか。

☆：そちらは53ドルです。

質問：黒いいすはいくらか。

選択肢訳
1 20ドル。　　　　　　2 32ドル。
3 42ドル。　　　　　　4 53ドル。

No.5

質問のWhen ～? で，時期が問われている。女性がコンピューターを買った時期は，女性の最初の発言I've only used it for half a year.「半年しか使っていないのよ」という言葉から判断できる。女性の発言の中のitは壊れたコンピューターを指す。**3**の「半年前」が正解。

No.5 放送文

★: I heard your new computer broke.

☆: Yes, I've only used it for half a year.

★: That's better than mine. It stopped working three months after I bought it.

☆: That's terrible.

Question: When did the woman get her computer?

★：君の新しいコンピューターが壊れたって聞いたよ。

☆：そうなの，半年しか使っていないのよ。

★：ぼくのものよりましだよ。それは買ってから3か月で動かなくなったからね。

☆：それはひどいわね。

質問：女性はコンピューターをいつ買ったか。

選択肢訳

1 1か月前。　　**2** 3か月前。

3 6か月前。　　**4** 1年前。

P116~117 リスニング 第2部②

✎ といて わかる

(No. 1) **3** (No. 2) **2** (No. 3) **2**
(No. 4) **1** (No. 5) **4**

解説

No.1

質問はWhy ～？で，男性がジムに行く理由が問われている。男性はI'm just going to get my towel.「タオルを取りに行くだけだよ」と答えているので**3**が正解。選択肢はすべてToで始まっているがこれはto不定詞の副詞的用法で「～のために」の意味。

No.1 放送文

☆: Are you going to run at the gym?

★: I'm just going to get my towel.

☆: Did you leave it there?

★: Yes. It must be at the swimming area.

Question: Why will the man go to the gym?

☆：ジムで走るつもりなの？

★：タオルを取りに行くだけだよ。

☆：そこに置き忘れたの？

★：そうなんだ。水泳場にあるに違いないんだよ。

質問：男性はなぜジムに行くのか。

選択肢訳

1 走るため。　　　**2** 泳ぐため。

3 タオルを取るため。　**4** 水着を買うため。

No.2

選択肢から，天気が問われると推測できる。質問は「今」の天気を聞いている。男性の天気について話しているIt's a bit windy but there are no clouds in the sky.「少し風が強いけど，空には雲一つないよ」から**2**が正解。windyは「風が吹いている」ではなく「風が強い」状態を言う。

No.2 放送文

☆: You should take your umbrella.

★: Why? It's a bit windy but there are no clouds in the sky.

☆: I know, but it's going to be rainy in the afternoon.

★: All right.

Question: How is the weather now?

☆：傘を持って行ったほうがいいわ。

★：どうして？　少し風が強いけど，空には雲一つないよ。

☆：知ってるわ，でも午後には雨が降るのよ。

★：わかった。

質問：今はどのような天気か。

選択肢訳

1 嵐。　　　**2** 風が強い。

3 くもり。　　**4** 雨。

No.3

what's the matter? は「どうしたの？」という意味で，Stacyは調子をたずねられている。Stacyは調子が悪い理由をI didn't have time to eat breakfast this morning. I have no energy to walk.「今朝，朝食を食べる時間がなかったの。歩く元気が出ないわ」と答えている。この状態を表している**2**が正解。

No.3 放送文

★: Hey, what's the matter, Stacy?

☆: I didn't have time to eat breakfast this morning. I have no energy to walk.

★: I have a snack. Do you want it?

☆: Really? Thanks.

Question: What is Stacy's problem?

★：ねえ，どうしたの，ステイシー？

☆：今朝，朝食を食べる時間がなかったの。歩く元気が出ないわ。

★：おやつを持ってるよ。ほしい？

☆：本当？　ありがとう。

質問：ステイシーの問題は何か。

選択肢訳

1 彼女は病気だ。　　**2** 彼女は空腹だ。

3 彼女の足が痛い。　**4** 彼女の頭が痛い。

No.4

選択肢から，楽器について問われると推測できる。対話ではメアリーとグレッグがひく楽器が話題になっている。質問で聞かれているのはメアリーがひく楽器である。メアリーはI'm going to play the guitar.と言っているので**1**が正解。

No.4 放送文

★: Mary, are you joining Greg's band?

☆: Yes, I'm going to play the guitar.

★: Cool. What is Greg playing? The drums?

☆: No, he plays the piano.

Question: What does Mary play in the band?
★：メアリー，君はグレッグのバンドに入るの？
☆：そうよ，ギターをひくことになるわ。
★：かっこいいね。グレッグは何をひくの？　ドラム？
☆：ううん，彼はピアノをひくの。
質問：メアリーはバンドで何をひくか。
選択肢訳

1　ギター。　　2　ドラム。
3　ピアノ。　　4　バイオリン。

No.5

選択肢はすべて動詞のing形で始まっている。ここから，行動が問われると推測できる。「右折」や「直進」という言葉から車の中か歩いているときにかわしている会話だということがわかる。**4**が正解。sureは「～を確信して」という意味で，I'm not sure. は「よくわからない（確信できない）」という意味になる。look like ～は「～のように見える」という意味。

No.5 放送文

☆: Should we turn right at that cake shop or go straight?
★: I'm not sure.
☆: OK. Why don't we ask that lady?
★: Yeah. She looks like someone living around here.
Question: What are they doing?
☆：あのケーキ店で右折したほうがいいの，それとも直進すべきなの？
★：よくわからないんだ。
☆：わかった。あの女性に聞いてみない？
★：そうだね。彼女はこのあたりに住んでいる人のように見えるね。
質問：彼らは何をしているか。
選択肢訳

1　テレビを見ている。
2　人々にインタビューをしている。
3　ケーキを作っている。
4　通りを歩いている。

P118~119 リスニング 第3部①

✎ といてわかる

(No. 1) **2**　(No. 2) **2**　(No. 3) **1**
(No. 4) **3**　(No. 5) **2**

解説

No.1

質問はWho ～？ で人物を聞いている。これは選択肢からも推測できる。質問は「だれがジェニーに早めに宿題を終わらせるように言ったか」である。Her mother told her to do it early. とあるので**2**が正解。このitはhomeworkを指す。

No.1 放送文

Jenny didn't do her homework on Friday. Her mother told her to do it early. But she went out with her friends on Saturday. On Sunday, she asked her brother to help her finish it.
Question: Who told Jenny to finish her homework early?
ジェニーは金曜日に宿題をしなかった。母親は彼女に早めに宿題をするように言った。しかし，彼女は土曜日に友達と出かけた。日曜日に彼女は兄に宿題を終わらせるのを手伝ってくれるように頼んだ。
質問：だれがジェニーに早めに宿題を終わらせるように言ったか。
選択肢訳

1　彼女の先生。　　　2　彼女の母親。
3　彼女の友達。　　　4　彼女の兄。

No.2

選択肢に並んでいるものについて問われると推測できる。質問は「女の子は去年のクリスマスに彼女のいとこに何をあげたか」である。Last year ... I bought her a sweater. と言っているので**2**が正解。Last yearに注意して聞く。each otherは「お互いに」という意味。このgetは「買う」という意味。

No.2 放送文

Every year my cousin and I give a present to each other on Christmas. Last year she gave me a bag and I bought her a sweater. This year, I'll get her a cooking book.
Question: What did the girl give her cousin last Christmas?
私のいとこと私は毎年クリスマスの日にお互いにプレゼントを贈りあっている。去年，彼女は私にかばんをくれて，私は彼女にセーターを買ってあげた。今年，私は彼女に料理の本を買うつもりだ。
質問：女の子は去年のクリスマスに彼女のいとこに何をあげたか。
選択肢訳

1　かばん。　　2　セーター。
3　本。　　　　4　花。

No.3
選択肢から，頻度(ひんど)が問われると推測できる。実際，質問はHow often ～? を使って「リチャードはそのカフェでどのくらいの頻度で働いているか」と聞いている。Every Sunday, he works at a café. 「毎週日曜日に彼はカフェで働いている」と説明されている。つまり，週に1回なので**1**が正解。

No.3 放送文
Richard is a third-year university student. He studies at university four days a week. Every Sunday, he works at a café. He likes his job there, so he wants to work there more often.
Question: How often does Richard work at the café?

リチャードは大学3年生だ。彼は1週間に4日，大学で勉強している。毎週日曜日に彼はカフェで働いている。彼はそこでの仕事が好きなので，もっとちょくちょくそこで働きたいと思っている。
質問：リチャードはそのカフェでどのくらいの頻度で働いているか。

選択肢訳
1　週に1回。
2　週に2回。
3　週に3日。
4　週に4日。

No.4
質問は「女性はなぜブラジルに行ったのか」である。I had a chance to travel to Brazil last September for work. 「私は去年の9月仕事でブラジルに旅行する機会があった」と言っている。workをher jobと言い換えた**3**が正解。選択肢の**2**と**4**はto不定詞の副詞的用法で「～のために」の意味。

No.4 放送文
I had a chance to travel to Brazil last September for work. I didn't have much time to visit famous places. But I enjoyed watching a soccer game. It was exciting.
Question: Why did the woman go to Brazil?

私は去年の9月，仕事でブラジルに旅行する機会があった。有名な場所を訪れる時間はあまりなかった。しかし，サッカーの試合を観戦して楽しんだ。その試合は興奮した。
質問：女性はなぜブラジルに行ったのか。

選択肢訳
1　サッカーの試合のため。
2　有名な場所を訪れるため。
3　仕事のため。
4　祭りを楽しむため。

No.5
選択肢から，男性の職業が問われると推測できる。質問は「男の子の父親は何をしているか」である。My father is an artist. と言っているので，**2**が正解。冒頭のこの1文から，He paints picturesを類推しよう。**2**以外はartistの仕事ではないので不正解。What do you do?[What does he do?]「あなた[彼]は何をしていますか」は英語で職業をたずねるときに一般的に使われる表現。

No.5 放送文
My father is an artist. One of his famous paintings is being shown at a museum now. My mother was a science teacher, but now she works at a company that makes medicine.
Question: What does the boy's father do?

ぼくの父は芸術家だ。父の有名な絵画の1つが今，美術館で展示されている。ぼくの母は理科の先生だったが，今は医薬品を作る会社で働いている。
質問：男の子の父親は何をしているか。

選択肢訳
1　彼は美術館で働いている。
2　彼は絵を描いている。
3　彼は理科を教えている。
4　彼は医薬品を作っている。

P120~121 リスニング 第3部②

✏ といてわかる

(No. 1) **4**　(No. 2) **3**　(No. 3) **1**
(No. 4) **1**　(No. 5) **2**

解説
No.1
選択肢から，行動が問われると推測できる。質問は「ケリーは今日，図書館で何をするか」である。today she'll have lunch with her friends there「今日，そこで友達とランチを食べるつもり」と言っているので**4**が正解。このthereは図書館のこと。放送文のshe is going to haveのbe going toがwillに言い換えられている。

No.1 放送文
Kelly likes the city library. She often does her homework there after school. Sometimes she borrows books, too. It also has a nice eating space, and today she is going to have

lunch with her friends there.

Question: What will Kelly do in the library today?

ケリーは市立図書館が好きだ。彼女は放課後よくそこで宿題をする。ときどき本を借りることもある。そこにはすてきな飲食スペースがあるので，彼女は今日，そこで友達とランチを食べるつもりだ。

質問：ケリーは今日，図書館で何をするか。

選択肢訳

1	勉強する。	2	DVDを借りる。
3	本を返却する。	4	お昼を食べる。

No.2

選択肢から，場所が問われると推測できる。質問はWhereで始まり「男性はどこで話をしているか」と場所を聞いている。Thank you for flying with us.「当機をご利用いただきありがとうございます」から飛行機の中で話しているとわかる。**3**が正解。flyはここは「飛行機で行く」という意味で使っている。

No.2 放送文

Good morning, ladies and gentlemen. Thank you for flying with us. We'll arrive in Hawaii in three hours. A dinner will be served soon. Today, we have beef, chicken and fish. Please enjoy your flight.

Question: Where is the man talking?

皆様おはようございます。当機をご利用いただきありがとうございます。当機は3時間後にハワイに到着いたします。まもなく夕食をお出しいたします。本日は牛肉，チキン，それにお魚がございます。どうぞ空の旅をお楽しみください。

質問：男性はどこで話をしているか。

選択肢訳

1	レストランで。	2	スーパーマーケットで。
3	飛行機内で。	4	船内で。

No.3

選択肢から，色の単語に注意して聞く。質問は「リサはどの靴を選んだか」である。choose「選ぶ」はこの場合はbuy「買う」ということである点に注意。today at the shop, she saw nice red ones and bought them「今日，彼女は店ですてきな赤い靴を見てそれを買った」とあるので**1**が正解。onesはshoesのことである。

No.3 放送文

Lisa usually wears black or white shoes. But today at the shop, she saw nice red ones and bought them. A staff member also showed her purple sport shoes, but they were too expensive.

Question: Which shoes did Lisa choose?

リサはふだん，黒か白の靴をはいている。だが今日，彼女は店ですてきな赤い靴を見てそれを買った。店員は彼女に紫色のスポーツシューズも見せたが，それは高すぎた。

質問：リサはどの靴を選んだか。

選択肢訳

1	赤い靴。	2	黒い靴。
3	紫の靴。	4	白い靴。

No.4

選択肢から，曜日が問われると推測できる。質問はWhenで始まり「トビーはいつ歌のレッスンを受けているか」と曜日をきいている。On Sundays, he has singing and acting lessons.「毎週日曜日には彼は歌と演技のレッスンがある」とあるので，**1**が正解。曜日はSundaysなど，複数形にすると「毎週日曜日」の意味になる。

No.4 放送文

Toby's dream is to be a musical actor. He takes lots of lessons for it. On Sundays, he has singing and acting lessons. He also learns karate on Wednesdays and dance on Saturdays.

Question: When does Toby have a singing lesson?

トビーの夢はミュージカル俳優になることだ。彼はそのためにたくさんのレッスンを受けている。毎週日曜日には彼は歌と演技のレッスンがある。彼は毎週水曜日には空手を習い，毎週土曜日にはダンスを習っている。

質問：トビーはいつ歌のレッスンを受けているか。

選択肢訳

1	毎週日曜日に。	2	毎週月曜日に。
3	毎週水曜日に。	4	毎週土曜日に。

No.5

選択肢から，人物について問われていると推測できる。質問はWhoで始まり「女の子はだれのことを話しているか」と話の全体で話題にしている人物のことが聞かれている。話はMs. Brownについてで，Ms. Brownは先生なので，**2**が正解。

No.5 放送文

Ms. Brown is loved by everyone. She is very good at teaching math. After taking her

class, I became good at it. Many students like talking to her during break time.

Question: Who is the girl talking about?

ブラウン先生はみんなに愛されている。彼女は数学を教えることがとても上手だ。彼女の授業を受けたあと，私は数学が得意になった。多くの生徒が休み時間中に彼女に話をするのが好きだ。

質問：女の子はだれのことを話しているか。

選択肢訳

1 彼女の医者。　　2 彼女の先生。

3 彼女の友達。　　4 彼女のおば。

P122〜123 確認のテスト⑧

【第1部】（No. 1）**1**（No. 2）**3**（No. 3）**2**（No. 4）**3**

解説

No.1

「明日，（本を）返してもらえる？」という依頼に対する自然な応答は**1**のOf course.「もちろんよ」になる。have it back「それを返してもらう」のhaveは使役動詞「〜させる，〜してもらう」の意味。**3**のI haven't. は「私は（何かを）していない」という現在完了形のhaven't。直後の過去分詞は省略されている。

No.1 放送文

★: Did you bring my magazine?

☆: Sorry, I haven't finished reading it yet.

★: Can I have it back tomorrow, then?

　1 Of course.

　2 It's mine.

　3 No, I haven't.

★：ぼくの雑誌持ってきた？

☆：ごめん，まだ読み終えていないの。

★：それじゃあ明日，返してもらえる？

　1 もちろんよ。

　2 それは私のよ。

　3 いいえ私はしていないわ。

No.2

would likeはwantをていねいにした表現で，What would you like to 〜? はWhat do you want to 〜? をていねいにした表現。店員に「（オレンジジュースの）サイズはどうしますか」と聞かれているので，サイズを答えている**3**が正解。オレンジジュースは数えられない名詞だが，店で注文するときはカップに入ってい

るものを指すのでone[an] orange juiceなどと言う。

No.2 放送文

★: What would you like to order?

☆: One orange juice, please.

★: What size would you like?

　1 I'm fine, thank you.

　2 Your cup is small.

　3 Large, please.

★：何をご注文なさいますか。

☆：オレンジジュースを1つください。

★：サイズはどうしますか。

　1 結構です，ありがとう。

　2 あなたのコップは小さいですね。

　3 ラージサイズをお願いします。

No.3

「風呂場からそうじするのがいい」という男性の提案に，I agree.「賛成よ」と同意している**2**が正解。**3**のdo a good jobは「うまくやる」という意味。

No.3 放送文

★: Let's clean the house.

☆: Yes, where should we start?

★: I think we should clean the bathroom first.

　1 I'm not cold.

　2 I agree.

　3 You did a good job.

★：家をそうじしよう。

☆：そうね，どこから始めるべきかしら？

★：まず風呂場からそうじするべきだと思う。

　1 私は寒くないわ。

　2 賛成よ。

　3 よくやったわね。

No.4

男の子の「花は気に入った？」という質問に対しては，「気に入った」と言う代わりに「それらはとてもきれいね」と答えている**3**が正解。

No.4 放送文

★: I brought you some flowers, Grandma.

☆: Thank you, Tom.

★: Do you like them?

　1 It was a lot of fun.

　2 Yes, I grew them.

　3 They're so beautiful.

★：花を持ってきたよ，おばあちゃん。

☆：ありがとう，トム。

★：花は気に入った？
　1　とても楽しかったわ。
　2　そうよ，それらは私が育てたのよ。
　3　それらはとてもきれいね。

【第2部】（No. 5）**2**　（No. 6）**3**　（No. 7）**4**
（No. 8）**2**　（No. 9）**2**　（No.10）**2**

解説
No.5
選択肢がすべて動詞で始まっているので，行動が問われると推測できる。今晩，いっしょに夕食に行くことを断られたベンの「明日はどう？」という誘いをメグは That would be great.「それならいいわ」と受け入れている。**2**の「ベンに会う」が正解。How about ～？で「～はどうですか。」の意味。

No.5 放送文
★: Why don't we go out for dinner this evening, Meg?
☆: I'd like to, Ben, but today, I have my sister's birthday party.
★: I see. How about tomorrow, then?
☆: That would be great.
Question: What will the woman do tomorrow?
★：今晩，いっしょに夕食に行かないか，メグ。
☆：行きたいんだけど，ベン，今日は妹の誕生日のパーティーがあるのよ。
★：わかった，それじゃあ明日はどう？
☆：それなら最高だわ。
質問：女性は明日，何をするか。

選択肢訳
　1　パーティーに行く。　2　ベンに会う。
　3　プレゼントを買う。　4　ベンの家に行く。

No.6
選択肢から，食べ物について問われると推測できる。質問は「ジュディーは何を食べているか」である。ジュディーは最初にDo you want to try my steak, Chuck?「私のステーキを食べてみたい，チャック？」と言っているので，ジュディーが食べているものは**3**の「ステーキ」である。

No.6 放送文
☆: Do you want to try my steak, Chuck? It's delicious.
★: Thanks, Judy. My chicken hamburger is good, too.
☆: Oh, really? I'll order it next time.
★: You should.
Question: What is Judy eating?
☆：私のステーキを食べてみたい，チャック？　おいしいわよ。
★：ありがとう，ジュディー。ぼくのチキンハンバーガーもおいしいよ。
☆：あら，本当？　今度，頼むことにするわ。
★：そうすべきだね。
質問：ジュディーは何を食べているか。

選択肢訳
　1　ハンバーガー。　　　　2　チキン。
　3　ステーキ。　　　　　　4　ケーキ。

No.7
選択肢から，人物について問われると推測できる。質問はWhoで始まり「昨日，バレーボールのトーナメントで優勝したのはだれか」と人物をたずねている。ジャネットは，I went to see my brother's volleyball tournament「兄［弟］のバレーボールのトーナメントを見に行った」と言っている。さらにそのトーナメントについて「兄［弟］のチームが優勝した」と答えているので正解は**4**になる。

No.7 放送文
★: Hi, Janet. Why didn't you come to basketball practice yesterday?
☆: I went to see my brother's volleyball tournament with my sister.
★: How did it go?
☆: His team won.
Question: Who won the volleyball tournament yesterday?
★：やあ，ジャネット。どうして昨日，バスケットボールの練習に来なかったの？
☆：姉［妹］と兄［弟］のバレーボールのトーナメントを見に行ったの。
★：試合はどうだったの？
☆：兄［弟］のチームが優勝したわ。
質問：昨日，バレーボールのトーナメントで優勝したのはだれか。

選択肢訳
　1　ジャネットのコーチ。
　2　ジャネットの友達。
　3　ジャネットの姉［妹］。
　4　ジャネットの兄［弟］。

No.8
選択肢がすべて動詞から始まっているので，行動が問われ

れると推測できる。質問は「彼らは最初に何をするか」と，これから最初にすることをたずねている。男性がコンサートホールまで電車で行こうと言い，女性は反対していない。男性は駅がある場所も知っていてlet's go「行こう」と言っているので，2人は駅に向かったと考えられる。正解は**2**。

No.8 放送文

☆: Oh, it's raining. Shall we take the bus?
★: I think it's better to take the train to the concert hall.
☆: Do you know where the station is?
★: Yes, let's go.
Question: What will they do first?

☆：あら，雨が降ってるわ。バスに乗りましょうか。
★：コンサートホールには電車に乗るほうがいいと思うよ。
☆：駅がどこにあるか知ってるの？
★：うん，行こう。
質問：彼らは最初に何をするか。

選択肢訳

1	電車を降りる。	2	駅に行く。
3	バスに乗る。	4	コンサートを楽しむ。

No.9

選択肢から，曜日が問われると推測できる。質問はWhenに始まり「女性はいつ歯科医に診てもらいに行くか」と日時をたずねている。歯科医院の男性のHow about Monday afternoon or Wednesday morning?「月曜の午後か水曜日の午前中はいかがですか」という問いかけに，女性は曜日ではなくAfternoon would be better「午後のほうがいいです」と答えている。これはつまり，月曜日の午後のことなので，正解は**2**となる。

No.9 放送文

★: Hello. How can I help you?
☆: I have a toothache. Can I see the doctor this Sunday?
★: Sorry, we're closed then. How about Monday afternoon or Wednesday morning?
☆: Afternoon would be better for me.
Question: When will the woman go to see the dentist?

★：もしもし。どのようなご用件ですか。
☆：歯が痛むんです。今度の日曜日に先生に見てもらえますか。
★：申し訳ありません，その日は当院は休診日です。月曜の午後か水曜日の午前中はいかがですか。

☆：私は午後のほうがいいです。
質問：女性はいつ歯科医に診てもらいに行くか。

選択肢訳

1	日曜日。	2	月曜日。
3	火曜日。	4	水曜日。

No.10

選択肢から，年数が問われると推測できる。質問はHow long 〜？を使って「タロウはどのくらい，香港に住んだか」と期間をたずねている。タロウはI lived there for five years.と言い，ここでのthereはHong Kongのことなので，**2**が正解。

No.10 放送文

☆: Taro, have you lived abroad?
★: Yes. I went to Hong Kong when I was four.
☆: When did you come back to Japan?
★: When I was nine, so I lived there for five years.
Question: How long did Taro live in Hong Kong?

☆：タロウ，海外に住んだことある？
★：あるよ。ぼくは4歳のときに香港に行ったんだ。
☆：いつ日本に戻ってきたの？
★：9歳のときだから，そこには5年住んだ。
質問：タロウはどのくらい，香港に住んだか。

選択肢訳

1	4年間。	2	5年間。
3	9年間。	4	10年間。

【第3部】(No.11) **2** (No.12) **2** (No.13) **3** (No.14) **3** (No.15) **1** (No.16) **4**

解説
No.11

選択肢から，時期について問われると推測できる。質問はWhenに始まり「エリーはいつ生まれたか」と時期をたずねている。エリーはマットの妹で，Ellie is a little baby and four months old.「エリーは小さな赤ちゃんで生後4か月である」と言っている。**2**が正解。

No.11 放送文

Matt has two sisters, Ellie and Sally. Ellie is a little baby and four months old. Sally turned three years old two months ago. The family had a big party on her birthday.
Question: When was Ellie born?

マットにはエリーとサリーという2人の妹がいる。エ

リーは小さな赤ちゃんで生後4か月である。サリーは2か月前に3歳になった。家族は彼女の誕生日に盛大なパーティーを開いた。

質問：エリーはいつ生まれたか。

選択肢訳
1　2か月前。　　2　4か月前。
3　1年前。　　　4　3年前。

No.12

選択肢がすべて動詞から始まっているので，行動が問われると推測できる。質問は「アランの母親は彼に何をするよう言ったか」である。アランがしなければならないことが聞かれている。she told him to finish washing them.「彼女は彼にそれら（皿）を洗い終えるよう言った」と言っているので**2**が正解。〈tell＋人＋to *do*〉で「人に～するように言う」という意味。do the dishesは「皿洗いをする」という意味。

No.12 放送文

Alan's father asked him to clean the car with him. But Alan was too busy washing the dishes. Before his mother went out for shopping, she told him to finish washing them.

Question: What did Alan's mother tell him to do?

アランの父親は，アランにいっしょに車を洗うように頼んだ。だが，アランは皿洗いで忙しすぎた。彼の母親が買い物に出かける前に，彼にそれら（皿）を洗い終えるよう言ったからだ。

質問：アランの母親は彼に何をするよう言ったか。

選択肢訳
1　車を洗う。　　　　2　皿洗いをする。
3　買い物を手伝う。　4　家をそうじする。

No.13

質問は「男性は何について話しているか」なので，対話全体の内容から考える。まず，それぞれの文の主語に注意して，何について語られているのかを理解する。2文目の主語はMy cousinで，いとこの説明をしている。続く3文目と4文目もMy cousinを受けたSheが主語で，その説明が続く。つまり男性は韓国の大学で学んでいるいとこの話をしているのである。**3**が正解。

No.13 放送文

This summer, I traveled to Korea. My cousin is studying at a college there. She loves Korean culture and tells me a lot about it. She can speak Korean like a native speaker.

Question: What is the man talking about?

この夏，ぼくは韓国を旅行した。ぼくのいとこがそこの大学で学んでいる。彼女は韓国文化が大好きで，ぼくにたくさんその話をしてくれる。彼女は韓国語を母国語話者のように話すことができる。

質問：男性は何について話しているか。

選択肢訳
1　韓国の大学。
2　韓国の文化。
3　韓国にいる彼のいとこ。
4　韓国で学ぶこと。

No.14

選択肢から，場所について問われると推測できる。質問はWhereで始まり「女の子とその友達は昨日，どこに行ったか」と場所をたずねている。Yesterday, my friend and I went out together. We had lunch at the riverside.「昨日，友達と私はいっしょに出かけた。私たちは川岸でお昼を食べた」とあるので**3**が正解。

No.14 放送文

Yesterday, my friend and I went out together. We had lunch at the riverside. There were people fishing and running. We ate some sandwiches that I made in the morning.

Question: Where did the girl and her friend go yesterday?

昨日，友達と私はいっしょに出かけた。私たちは川岸でお昼を食べた。釣りをする人や走っている人たちがいた。私たちは私が朝，作ったサンドイッチを食べた。

質問：女の子とその友達は昨日，どこに行ったか。

選択肢訳
1　海に。　　　2　釣り堀に。
3　川岸に。　　4　サンドイッチ店に。

No.15

選択肢から，場所が問われると推測できる。質問はWhereで始まり「男性はどこで話しているか」と場所をたずねている。男性はBecause of the stormy weather, all classes in the afternoon have been canceled.「嵐の天候のため午後のすべての授業が中止されました」と言っている。そのあとの「昼食は提供されません」「バスに乗る準備をしてください」といった内容から，学校でのアナウンスだと考えられるので**1**が正解。

No.15 放送文

Attention, everyone. Because of the stormy

weather, all classes in the afternoon have been canceled. Lunch will not be served today. Be ready to get on the buses.
Question: Where is the man speaking?
皆さんにお知らせします。嵐の天候のため午後のすべての授業が中止されました。本日，昼食は提供されません。バスに乗る準備をしてください。
質問：男性はどこで話しているか。
選択肢訳
1　学校で。　　　　　　2　空港で。
3　スーパーマーケットで。　4　バス停留所で。

No.16
質問はWhyで始まり「なぜジャックは昨日，ビデオを見られなかったか」と理由をたずねている。After coming back home, he soon fell asleep.「(昨日)帰宅したあとすぐに眠ってしまった」からである。4が正解。

No.16 放送文
Jack couldn't finish watching a video yesterday. He had a soccer practice after school, and he worked hard. After coming back home, he soon fell asleep. Today, he woke up early and finished watching it.
Question: Why couldn't Jack watch the video yesterday?
ジャックは昨日，ビデオを見終えることができなかった。彼は放課後サッカーの練習があって，一生懸命運動した。帰宅したあと彼はすぐに眠ってしまった。今日，彼は早く起きてそれを見終えた。
質問：なぜジャックは昨日，ビデオを見られなかったか。
選択肢訳
1　それは長すぎた。
2　彼は寝坊をした。
3　彼は頭痛がした。
4　彼は眠ってしまった。

P124〜137 模擬試験

1 (1) 3　(2) 2　(3) 4　(4) 4　(5) 1　(6) 1
(7) 4　(8) 1　(9) 3　(10) 3　(11) 3　(12) 2
(13) 2　(14) 3　(15) 1

解説
(1) 1「〜をやめる，去る」，2「動く」，3「〜に参加する」，4「〜を運転する」。the basketball clubとの関連からleave「〜をやめる」とjoin「〜に参加する」が考えられるが，Bの返事からjoinが正解。
訳　A：バスケットボール部に入るつもりなの？
　　B：そうだよ。いちばん好きなスポーツだからね。
(2) 1「競技場」，2「水族館」，3「形」，4「首都」。イルカのショーが見られる場所ということから「水族館」を選ぶ。
訳　A：新しい水族館に行くつもりなんだ。いっしょに来たい？
　　B：うん，ぜひそうしたいわ。イルカのショーを見たいの。
(3) 1「怒っている」，2「地元の」，3「のどがかわいた」，4「満腹で」。もう一切れのピザを断っている理由を考える。I'm already full.「もうおなかがいっぱい」だから。
訳　A：ピザをもう一切れいかがですか。
　　B：いえ，結構です。もうおなかがいっぱいです。
(4) 1「線，列」，2「空気」，3「像」，4「年齢」。生徒証に関連して「名前と〜を確認する」とあるのでage「年齢」を選ぶ。
訳　A：生徒証を見せてもらえますか。あなたの名前と年齢を確認する必要があります。
　　B：わかりました。はい，どうぞ。
(5) 1「〜を借りる」，2「〜を貸す」，3「〜を持ってくる」，4「〜を盗む」。「図書館から本を」という流れからborrow「〜を借りる」が入る。
訳　A：すみません，この図書館では本を何冊借りることができますか。
　　B：5冊です。10日間借りられますよ。
(6) 1「まだ」，2「かつて」，3「ほかに」，4「離れて」。I'm eating「食べている」とあることから，still「まだ」を入れる。
訳　A：朝食は食べ終わった，ベティー？
　　B：ううん。まだ食べているわ，お母さん。
(7) 1「〜をたずねる」，2「〜を起こす」，3「〜を売る」，4「〜を説明する」。ゲームのルールという流れからexplain「〜を説明する」が入る。

訳　A：ぼくは，このゲーム知らないんだ，リック。ルールを説明してくれるかな？

　　B：いいよ，アンディー。問題ないよ。

(8)　1「少し」，2「より少なく」，3「多くの」，4「より多くの」。宿題をするのに第三者の手助けが必要と言っているので，宿題は難しいと判断できる。aのあとに入れるのに適切なのはlittle「少し」のみ。a littleで「少し〜」という意味。

訳　ベーカー先生がぼくたちに出した宿題は少し難しい。だれかの手助けが必要だ。

(9)　祖母は私に「ケーキの作り方」を教えたとするのが適切。〈how+to不定詞〉は「〜の仕方，どのように〜するか」という意味。how to make 〜で「〜の作り方」となる。

訳　私の趣味は料理だ。子どものころ，祖母はよく私にケーキの作り方を教えてくれた。

(10)　山登りは嫌いだと答えている点に注意する。空所の前にnot（don't）があるので，not 〜 at all「まったく〜でない」という意味になるようにallを選ぶ。

訳　A：山登りは好きですか。

　　B：いいえ，疲れすぎてしまうので，それはまったく好きではありません。

(11)　1「重大な」，2「よく知られた」，3「欠席の」，4「高価な」。「ひどい頭痛がして，高い熱があった」という流れからabsent「（〜に）欠席の」を入れる。be absent from 〜で「〜を欠席している」という意味。

訳　アンはひどい頭痛がしたので昨日，学校を休んだ。彼女はまた高熱も出た。

(12)　「ついに〜」という意味になるat lastを入れる。

訳　マイケルは2年間，熱心にテニスを練習してきた。ついに，彼は昨日のテニスの競技会で優勝した。

(13)　the boyを修飾する語が何かを考える。「（ジェニーと）話している」という意味なので，空所には現在分詞のtalkingが入る。

訳　A：ジェニーと話している男の子を知ってる？

　　B：うん。彼はイギリス出身だよ。彼は2か月の間，ぼくたちといっしょに勉強する予定なんだ。

(14)　空所の前のisに注意する。「歌」は「歌われる」という関係から〈be動詞+過去分詞〉の受動態にする。singの過去分詞sungが入る。

訳　A：私はこの曲が大好きなの。

　　B：ああ，この曲知っているよ。たくさんの国で歌われているね。

(15)　文中にwantとmust comeの2つの動詞があるので，空所には関係代名詞が入ると考える。空所の前がStudentsと人になっていて，空所のあとに動詞が続いているので，空所には主格の関係代名詞whoが入る。

訳　スキー合宿に行きたい生徒は放課後，食堂に来なければなりません。

❷ ⑯ 3 ⑰ 4 ⑱ 1 ⑲ 2 ⑳ 1

解説

⑯　1 よくわからないな。2 それには行きそこねたんだ。3 もちろん。4 それで全部だよ。女性の「リサの誕生日のパーティーを覚えているか」との問いかけに，男性は「プレゼントを買った」と答えている。男性はそのことを覚えていたとわかるので，3「もちろん。」が正解。

訳　女性：こんにちは，ロバート。明日リサの誕生日パーティーがあるのを覚えてる？

　　男性：もちろん。すでに彼女へのプレゼントも買ってあるよ。

⑰　1 冬が好きなの？ 2 フランス語は話せるの？ 3 スキーを楽しむの？ 4 パスポートは持っているの？ 女性の問いかけに対して，カナダに出かける男性は「うん。今週末〜を取りに行く」と答えている流れから，itはpassportを指しているとわかる。4が正解。

訳　男性：冬休みの計画はもう決まってる？ ぼくはカナダを訪れるよ。

　　女性：それはすてきね。パスポートは持っているの？

　　男性：ううん。今週末にそれを取りに行くんだ。

⑱　1 地図を見てみるわ。2 今行くわ。3 そこには行ったことがないの。4 あなたが知っているといいのに。「映画館までの距離はどれくらいなの？」という男性の問いに何かを答えたあと，女性はWell … と少し間をおいてから「ここから大体1キロ」と答えている。自然な流れは，1「地図を見てみるわ。」である。

訳　女性：映画があと15分で始まっちゃう。急がなきゃ。

　　男性：ここから映画館までの距離はどれくらいなの？

　　女性：地図を見てみるわ。そうね…，ここから約1キロメートルかしら。タクシーに乗ったほうがよさそうね。

⑲　1 ごめんなさい，できないわ。2 それはいいわね。3 聞いてくれてありがとう。4 私は高校生よ。「中学校の先生になりたい」と言う男の子に，女の子は「どの教科を教えたいの」と，先生になる話をふくらませている。2「それはいいわね。」が自然な流れの応答になる。

訳　女の子：将来は何をしたいの？

　　男の子：中学校の先生になりたいんだ。

　　女の子：それはいいわね。教科は何を教えたいの？

⑳　1 来週のスピーチコンテスト用の本が何冊か必要なんだ。2 そこで友達と会うんだ。3 本を返却するつもりなんだ。4 ぼくは読書よりも話すほうが好きなんだ。

空所のあとの「そのための準備をしたい」を続けるのに自然な応答は「スピーチコンテスト用の本が必要」と答えている**1**になる。itはスピーチコンテストを指す。

訳 息子：お母さん，今から車で図書館まで送ってくれない？
母親：いいけど，どうして？
息子：来週のスピーチコンテスト用の本が何冊か必要なんだ。そのための準備をしたいんだ。

3A (21) **2** (22) **2**

解説
(21) お知らせの目的は全体の主旨から考える。このお知らせは，州のチェストーナメントに出場するミアを激励するために開くパーティーについてである。**2**が正解。**1**の「お楽しみ対局」はこのパーティーでの余興であり，このお知らせの目的ではない。
(22) お知らせの5行目の**Date:**のあとに，November 11とある。これは「ミアへの応援の気持ちを表すためにパーティーを開きます」の直後にあるので，文脈からパーティーを開く日だとわかる。また，7行目に「パーティーで，ミアにプレゼントを贈る」とある。それを「ミアがプレゼントを受け取る。」と言い換えた**2**が正解。**1**の「チェストーナメント」は11月15日。**3**の「コーチがお金を集める」のは11月4日まで。**4**のアドバイスについては，ベーカーさんとロングさんはアドバイスをするのではなく，されるほう。

訳
クラブメンバーへの重要なお知らせ
　私たちのミア・エバンスが11月15日に開催される州のチェストーナメントに出場します！
私たちはミアへの応援の気持ちを表すためにパーティーを開きます。
日付：11月11日
場所：カフェテリア
パーティーでは彼女にささやかなプレゼントを贈ります。11月4日までにコーチに3ドルを渡してください。コーチはそのお金で，何かいいものとメッセージカードを買う予定です。
ミアは，パーティーの場でお楽しみ対局を2局指してくれます。彼女には，対局者より少ない持ち時間（考えるための時間）が与えられます。
対局者：
　ショーン・ベーカーさん（カフェテリアより）
　クリスティ・ロングさん（図書館より）
彼らはとてもわくわくしていて，対局に向けて練習して

います。対局中，彼らにあなた方の最高のアドバイスをしてください！

(21) このお知らせは何についてですか。
　1 チェスの対局に関する情報。
　2 ミアを激励するパーティー。
　3 クラブのメンバーの間で行われるチェスの対局。
　4 カフェテリアと図書館の利用の仕方。

(22) 11月11日に何がありますか。
　1 チェスのトーナメントが開催される。
　2 ミアがプレゼントを受け取る。
　3 コーチがクラブのメンバーからお金を集める。
　4 ベーカーさんとロングさんが，クラブのメンバーにアドバイスをする。

3B (23) **3** (24) **3** (25) **2**

解説
(23) ジュリーが先週したことはジュリーが送った1通目のメールを読む。7文目にA little girl and her mother came to my house last week, and they are staying with us now.「先週，小さな女の子とそのお母さんがうちに来て，今，私たちの家に泊まっているの。」とある。 A little girl and her mother came to my houseが選択肢では，She met a girl and her mother …と言い換えられていることに注意。**3**が正解。
(24) パティについては2通目のパティのメールを読む。パティは日曜日の予定について6文目にI'm going to make lunch for my little sister and eat with her on Sunday「日曜日は，…私は妹のためにお昼ごはんを作っていっしょに食べるの。」とあり，これがジュリーたちと会食できない理由になる。**3**が正解。
(25) ティナについては3通目のティナのメールを読む。ティナがしたがっていることは，6文目にI want to try their famous hamburger this time とあるが，ハンバーガーについては選択肢にないのでほかを探す。1行目にCan we meet them?とあり，ここでのthemはポーランドから来た親子になるので，**2**が正解。

38

訳

送信者：ジュリー・アーノルド
受信者：パティ・ナカムラ, ティナ・ハート
日付：1月25日
件名：コンサート

こんにちは, パティ, ティナ。
今週末はひまですか？ 日曜日の2時30分にスペンサーホテルでおもしろいコンサートがあるの。いっしょにお昼ごはんを食べて, それからコンサートに行かない？ お母さんの会社が10周年記念プロジェクトとしてこのコンサートを企画して, 彼らはポーランドから音楽グループを招いたの。彼らは歌ったり, 踊ったり, ポーランドの楽器を演奏したりする予定よ。彼らは会社の従業員たちの家に滞在しているの。先週, 小さな女の子とそのお母さんがうちに来て, 今, 私たちの家に泊まっているの。彼らは2人ともグループのメンバーで, 女の子は踊ってお母さんはハーディガーディと呼ばれる楽器を演奏するのよ。私たちは英語でお互いにコミュニケーションをとっているわ。
あなた方の友人,
ジュリー

送信者：パティ・ナカムラ
受信者：ジュリー・アーノルド, ティナ・ハート
日付：1月25日
件名：私はひまです！

おもしろそうね！ 私はそのお母さんと女の子に会える？ ポーランドの人とは話したことがないわ。いっしょの時間を過ごせたらおもしろいでしょうね。今週末はミラー先生の宿題を終わらせなければいけないけど, 土曜日までには終わらせられると思うわ。日曜日は, お母さんが午後1時まで仕事をしているので, 私は妹のためにお昼ごはんを作っていっしょに食べるの。午後2時15分にホテルで会おうね。
じゃあまたね,
パティ

送信者：ティナ・ハート
受信者：ジュリー・アーノルド, パティ・ナカムラ
日付：1月25日
件名：私もひまです！

こんにちは,
パティのアイデア, いいね！ 私も同じことを考えていたの。私たち, 彼らに会えるかしら？ ああ, 今週末は私もひまで, 私はあなたたちとお昼ごはんもいっしょに食べられるわ。先週の土曜日に行ってみたレストランに行ってもいい？ チキンサラダもおいしかったけど, 今回はお店の有名なハンバーガーを食べてみたいの。駅で会って, そこからいっしょにレストランに歩いて行こうよ。
待ちきれないな！
ティナ

(23) ジュリーは先週何をしたか。

1 彼女はスペンサーホテルのコンサートに行った。

2 彼女は自分の会社の従業員を自宅に招いた。

3 彼女はポーランドから来た女の子とその母親に会った。

4 彼女はポーランドの言語を話した。

(24) パティが日曜日に昼食を食べに行かないのは

1 ミラー先生から出された宿題をやりたいと思っているから。

2 外国の人と話したことがないから。

3 彼女の妹の世話をする必要があるから。

4 午後2時15分までにホテルに行かなければならないから。

(25) ティナは

1 日曜日にひまでいたいと思っている。

2 ポーランドから来た人たちと話したいと思っている。

3 日曜日にホテルでジュリーに会いたいと思っている。

4 駅の近くのレストランでチキンサラダを食べたいと思っている。

3C (26) **2** (27) **4** (28) **3** (29) **3** (30) **4**

解説

(26) 農家がキノコを作るためにすることは, 第2段落に書かれている。Many farmers use waste materials for mushroom beds. 「多くの農家は, 廃棄物をキノコの菌床（きんしょう）に使用する。」とある。waste materialsをgarbageと言い換えた**2**が正解。

(27) クフ王のピラミッドについては，第3段落にWe have made more than 9,000,000,000 tons of plastic since the 1950s. It is as heavy as 1,565 Pyramids of Khufu「1950年代以降，私たちは90億トン以上のプラスチックを製造してきた。それは，クフ王のピラミッド1,565個分と同じくらい重い」とあり，クフ王のピラミッドはどれだけ大量のプラスチックを私たちが製造してきたかがわかる具体例として引用されている。**4**が正解。

(28) **1** については第3段落にThis is very good news for usとあるが，このthisはプラスチックではなく，「ある種のキノコがプラスチックを食べること」を指す。**2** については，プラスチックが森林破壊を食い止めるとは述べていない。**3** については第3段落に79% of the plastic we have made is now in landfills or the ocean.「私たちが作ったプラスチックの79%は，現在，埋め立て地または海にある」とあるので正しい。**4** については，本文では述べられていない。

(29) 企業の発明に関しては第4段落にSome companies have also invented packaging materials made from mushrooms.「いくつかの企業はキノコから作られた梱包(こんぼう)材料も発明した」とある。**3**が正解。

(30) このパッセージ全体の主旨は第1段落にResearchers say that mushrooms may solve some of the problems we have today.「研究者たちは，キノコが今日，私たちが抱えている問題のいくつかを解決するかもしれないと言っている」とあるとおり，キノコの新たな利用法が環境問題の解決に役立つことを紹介したものである。**4**が正解。

訳
すばらしいキノコたち

　世界にはキノコを使った料理がたくさんある。それらはおいしくて体によいのだが，驚いたことに，キノコはまた環境にもよい。研究者たちは，キノコが今日，私たちが抱えている問題のいくつかを解決するかもしれないと言っている。

　専門家は，キノコが最も環境に優しい食べ物であると考えている。多くの農家は，廃棄物をキノコの菌床に使用している。この菌床がキノコの食料となる。こうすることで，廃棄物を減らすことができる。また，農家はキノコを育てるのに大きな場所を必要としない。キノコを育てるために木を伐採する必要がないので，それは助けになる。森林は私たちの環境において非常に重要だが，ほかの種類の野菜や果物の農場を作るために多くの森林が破壊されている。

　2011年，研究者たちはある種類のキノコがプラスチックを食べて成長することを発見した。プラスチック廃棄物に関して深刻な問題を抱えているので，私たちにとってこれは非常によいニュースだ。1950年代以降，私たちは90億トン以上のプラスチックを製造してきた。それは，クフ王のピラミッド1,565個分と同じくらい重いのだが，この（クフ王の）ピラミッドは世界で最も重い建造物のひとつなのだ。私たちが作ったプラスチックの79%は，現在，埋め立て地または海にある。プラスチックを食べるキノコは，それらの場所のプラスチックを減らすかもしれない。

　いくつかの企業はキノコから作られた梱包材料も発明した。私たちが作ったプラスチックの約40%は梱包用である。私たちはその代わりにキノコを利用することができる。

　キノコはほかの多くの技術とともに環境をよりよくすることができるかもしれない。私たちが地球上で生き続けたいのであれば，私たちは，自分たちの環境にある諸問題を解決する方法を探し続けなければならない。

(26) キノコ畑を作るために，農家は
1 専門家と話すかもしれない。
2 ゴミを使うかもしれない。
3 木を切り倒すかもしれない。
4 ほかの種類の野菜を育てるかもしれない。

(27) なぜ筆者はクフ王のピラミッドについて述べているか。
1 埋立地にどれだけのプラスチック廃棄物があるかを説明するため。
2 それが私たちが作ったプラスチックよりも重いことを説明するため。
3 それが世界で最も重い建造物であることを説明するため。
4 私たちがどれだけのプラスチックを生産してきたかを説明するため。

(28) プラスチックについて正しいのはどれか。
1 それは私たちによいニュースをもたらした。
2 それは森林が破壊されることを食い止めている。
3 その一部は海に行った。
4 そのほとんどが一度しか使用されなかった。

(29) いくつかの企業は何を発明したか。
1 プラスチック廃棄物を食べるキノコ。
2 特別な種類のキノコ。
3 物を包むための素材。
4 何度も使えるプラスチック。

(30) この話は何についてか。
1 キノコの種類に関するいくつかの研究。

2 キノコを問題なく育てる方法。

3 キノコ農場がどのようにお金を稼ぐことができるか。

4 キノコが環境問題に関して私たちを助けてくれる方法。

❹ [解答例 1]

I like mountains better. First, I like camping at the mountain with my family. We love eating outside. Second, I like to see the flowers growing there. They are so pretty.

(31語)

[解答例 2]

I like oceans better. First, I enjoy fishing with my father, and I like to eat the fish we catch. They are so fresh. Second, I love the view of the sea, especially at sunset. (35語)

解説

「山と海のどちらのほうが好きか」とたずねられているので，どちらかにしぼって答える必要がある。「山も好きだけど海も好き」という答え方は減点対象になる。

回答にあたっては，以下のことを踏まえる。

①どちらが好きか，自分の立場を明確にする。

②異なる理由を2つ答える。

③語いや熟語，文法などに間違いがないか，時制や三単現の-sが抜けていないかなどに注意する。

質問文の訳

「あなたは山と海のどちらのほうが好きですか。」

解答例1の訳

「私は山のほうが好きです。まず，私は家族と山でキャンプをするのが好きです。私たちは外で食べるのが大好きです。次に，私はそこに咲く花を見ることが好きです。それらはとてもかわいいです。」

解答例2の訳

「私は海のほうが好きです。第1に，私は父と魚釣りを楽しみ，釣った魚を食べるのが好きだからです。それらはとても新鮮です。第2に，海の景色，特に夕暮れどきの海の景色大好きだからです。」

リスニング第1部

(No. 1) **1** (No. 2) **1** (No. 3) **2**

(No. 4) **3** (No. 5) **2** (No. 6) **3**

(No. 7) **1** (No. 8) **2** (No. 9) **1**

(No. 10) **1**

解説

No.1　男の子は最後にWhose shoes are these?「これ（ら）はだれの靴?」と聞いている。靴の持ち主について聞いているので，「それ（ら）はおじさんのよ。」と答えている1が正解。靴は2つで1足という考え方なので英語では複数形になる。

No.1 放送文

★：I'm home, Mom.

☆：Hi, Mike. How was your day?

★：Good. Whose shoes are these?

　1　They are your uncle's.

　2　They are too small.

　3　For playing basketball.

★：お母さん，ただいま。

☆：お帰り，マイク。今日はどうだった?

★：よかったよ。これ（ら）はだれの靴?

　1　それ（ら）はおじさんのよ。

　2　それ（ら）は小さすぎるわ。

　3　それ（ら）はバスケットボール用よ。

No.2　女の子は最後に「この学校はどう?」と聞いている。How do you like ～? は「～についてはどのように気に入っているか」という意味で，相手の感想を聞いている。直接的にはI like it very much.「すごく気に入った。」やIt's OK.「まあまあだね。」あるいはI don't like it very much.「あまり好きじゃない。」など，「好き」の程度を答えるが，ここは「とても楽しんでいる」と答えている1が正解。

No.2 放送文

☆：Hi, are you a new student?

★：Yes, this is my second week.

☆：How do you like this school?

　1　I'm having a lot of fun here.

　2　It will start next week.

　3　I take a bus.

☆：こんにちは，あなた新入生?

★：うん，今週で 2 週目だよ。

☆：この学校はどう?

　1　ここでとても楽しんでいるよ。

　2　それは来週始まるよ。

　3　ぼくはバスを使うよ。

No.3 レストランでの会話である。男性の最後の発言 Would you like anything else? は「ほかにほしいものはありますか」,「ほかに何かご注文はございますか」という意味。would likeは「~がほしい」という意味で使う。「いいえ(=ほしいものはほかにはない)。おなかがいっぱいです。」と答えている**2**が正解。

No.3 放送文

★: How was your steak?

☆: It was wonderful.

★: Would you like anything else?

　1　Yes. I liked it very much.

　2　No. I'm full.

　3　Yes. The soup was delicious.

★: ステーキはいかがでしたか。

☆: とてもおいしかったです。

★: ほかに何かご注文はございますか。

　1　はい。それはとてもおいしかったです。

　2　いいえ。おなかがいっぱいです。

　3　はい。スープがとてもおいしかったです。

No.4 女の子は最後に What about dinner?「夕ご飯はどうなるの?」とたずねている。ここでのWhat about ~?は「~についてはどうなりますか,どう思いますか」と相手の意見を求める聞き方として使われている。「何かを買ってきた」と用意していることを答えている**3**が正解。

No.4 放送文

☆: Dad, where's Mom?

★: She's still at the office.

☆: What about dinner?

　1　That'll be nice.

　2　That was good.

　3　I bought something.

☆: お父さん,お母さんはどこ?

★: 彼女はまだオフィスだよ。

☆: 夕ご飯はどうなるの?

　1　それはいいね。

　2　それはおいしかったよ。

　3　何か買ってきたよ。

No.5 男性は最後に「それ(ウェブサイトを作ること)は難しかった?」と聞いている。Not at all.「全然(=少しも難しくなかった)」と答えている**2**が正解。It was not difficult at all.を省略した言い方だが,決まり文句のようにこの形で使われることが多い。No, thanks[thank you].は「いいえ,結構です。」という意味で使われる。

No.5 放送文

★: Did you make this website?

☆: Yes. My sister helped me a little.

★: Was it difficult?

　1　No, thanks.

　2　Not at all.

　3　Not yet.

★: 君がこのウェブサイトを作ったの?

☆: そうよ。姉が少し手伝ってくれたの。

★: それは難しかった?

　1　いいえ,結構です。

　2　全然。

　3　まだよ。

No.6 女性の最後の発言 Why don't you join us? の Why don't you ~?は「なぜ私たちに~しないのか」ではなく,「~しませんか」という誘いの意味で使われる表現である。これに対しては,Yesならば I'd love to., Noならば Sorry, I can't.などがよく使われる返事になる。ここでのusは「私とロンドンからの友達」の2人を指す。**3**が正解。

No.6 放送文

☆: I'm going to see my friend from London this weekend.

★: Wow, sounds nice!

☆: Why don't you join us?

　1　You are very popular.

　2　Because it's too loud.

　3　Oh, I'd love to!

☆: 今週末,ロンドンからの友達に会うのよ。

★: わあ,いいね!

☆: 私たちに加われば?

　1　あなたはとても人気があるね。

　2　音がうるさすぎるからだよ。

　3　ああ,ぜひとも!

No.7 女性の最後の発言 It will be hard to find it.「(いなくなった)ネコを見つけるのは大変でしょうね」は,自分の感想を述べた言葉である。その感想に対する応答として自然なのは I think so, too.「ぼくもそう思う」である。**1**が正解。**2**は found「見つけた」と過去形になっていて,今,探している状況と矛盾するので誤り。

No.7 放送文

☆: What are you looking for?

★: My cat is lost.

☆: It will be hard to find it.

1 I think so, too.

2 I found it over there.

3 I don't have any.

☆：何を探しているの？

★：ぼくのネコが迷子なんだ。

☆：そのネコを見つけるのは大変でしょうね。

1 ぼくもそう思う。

2 むこうでそれを見つけたよ。

3 ぼくは何も飼っていないんだ。

No.8　女性の最後の発言Do you want to ～?は「（私といっしょに）～しませんか」という意味あいで，人を誘うときに使う表現である。これに対して，YesならYes, of course. のように答え，Noなら，Sorry, I don't feel like watching a movie.「映画を見る気がしない」などのように答える。**2**が正解。男性は先に食後の予定はないと答えているので**1**は応答として不自然。**3**はwasと過去形になっているので誤り。

No.8 放送文

☆：Do you have any plans after dinner?

★：No, nothing.

☆：I'm going to watch a movie. Do you want to join me?

1 I'm busy.

2 Of course.

3 It was great.

☆：夕食後，何か予定ある？

★：いや，何もないよ。

☆：私，映画を見ようと思うの。いっしょに見ない？

1 ぼくは忙しいんだ。

2 もちろん。

3 それは最高だったね。

No.9　女の子のCan you come and pick me up?は「私を（車で）迎えに来てもらえる？」というお願いの表現。これに対してI'll be there「君のいるところ（＝there「そこ」）に行く」と迎えに行くことを伝えている**1**が正解。

No.9 放送文

☆：Hi, Dad. I'm at the station now.

★：All right.

☆：Can you come and pick me up? It's raining.

1 I'll be there in 5 minutes.

2 I'll take the 6 o'clock train.

3 It'll be sunny tomorrow.

☆：もしもし，お父さん。私，今，駅にいるの。

★：わかった。

☆：迎えに来てもらえる？　雨が降ってるの。

1 5分でそこに行くよ。

2 私は6時の電車に乗る予定だよ。

3 明日は晴れるだろうね。

No.10　女の子は最後の発言でI don't know this area very well.「私はこの地域をよく知らないの。」と訴えている。この会話の流れには「連れて行ってあげる」と助けを申し出ている**1**が正解。

No.10 放送文

☆：Where do you buy books around here?

★：I usually go to the shopping mall.

☆：I don't know this area very well.

1 I'll take you there.

2 Let's meet at the mall.

3 I like reading books.

☆：このあたりだとどこで本を買うの？

★：ぼくはいつもショッピングモールに行くよ。

☆：私はこの地域をよく知らないの。

1 ぼくがそこに連れて行ってあげるよ。

2 モールで会おうよ。

3 ぼくは本を読むことが好きだよ。

リスニング第**2**部
(No. 11) **4**　(No. 12) **3**　(No. 13) **2**
(No. 14) **1**　(No. 15) **1**　(No. 16) **2**
(No. 17) **4**　(No. 18) **2**　(No. 19) **4**
(No. 20) **2**

解説

No.11　女性の発言に出てくるIs there a bank near here?「この近くに銀行はありますか」とhow can I get to the closer one?「近いほうの銀行にはどう行けばいいですか」より，女性は道をたずねていると判断できる。

No.11 放送文

☆：Excuse me. Is there a bank near here?

★：Yes, but there are two.

☆：Well, how can I get to the closer one?

★：Please turn right at the bakery over there.

Question：What is the woman doing?

☆：すみません。この近くに銀行はありますか。

★：はい，でも2つありますよ。

☆：じゃあ，近いほうの銀行にはどう行けばいいですか。

★：そこのパン店を右に曲がってください。

質問：女性は何をしているか。

選択肢訳

1 お金を支払っている。

2 タクシーを拾っている。

3 パンを買っている。

4 道をたずねている。

No.12　女の子の発言に出てくるeggs「卵」と父親のa pack from the shelf「棚から（卵）1パック」，buy some milk「牛乳を買う」から2人はスーパーで話していると判断できる。

No.12 放送文

☆：Dad, do we need eggs?

★：Yes. Can you get a pack from the shelf over there?

☆：Sure. Is that all we need?

★：Let's buy some milk, too.

Question：Where are they talking?

☆：お父さん，私たち，卵は必要？

★：うん。あそこの棚から1パック取ってくれる？

☆：いいわよ。それで私たちが必要なものは全部？

★：牛乳も買おう。

質問：彼らはどこで話しているか。

選択肢訳

1 台所で。　　　　2 レストランで。

3 スーパーで。　　4 カフェテリアで。

No.13　女の子のDo you want to do volunteer work with us after school?「放課後，私たちといっしょにボランティアの仕事をしない？」と聞いているのは今日の放課後のことであり，「今日」は男の子の発言より月曜日とわかる。女の子はボランティア活動を水曜日も行っている。つまり週2回行っているので，2が正解。

No.13 放送文

☆：Do you want to do volunteer work with us after school?

★：Yes, but I have a soccer practice on Mondays.

☆：That's too bad. But we do it on Wednesdays, too.

★：Oh, I go to swimming school on Wednesdays.

Question：How often does the girl do volunteer work?

☆：放課後，私たちといっしょにボランティアの仕事をしない？

★：うん，でも毎週月曜日はサッカーの練習があるんだ。

☆：残念だわ。でも私たちは毎週水曜日もその活動を

しているわ。

★：ああ，毎週水曜日は水泳教室に行ってるんだ。

質問：女の子はどのくらいの頻度でボランティア活動をしているか。

選択肢訳

1 週に1回。　　　　2 週に2回。

3 週に3回。　　　　4 週に4回。

No.14　女の子の，Bill, why do you have flowers?「ビル，どうしてお花を持っているの？」という質問に，ビルはI got them for mom's birthday「お母さんの誕生日に買ったんだよ」と答えている。1が正解。口語ではgetを「買う」という意味で使うことも多くbuyと同じ意味になる。

No.14 放送文

☆：Bill, why do you have flowers?

★：I got them for mom's birthday, Emma.

☆：Oh, it's today!

★：Dad will be back with a cake.

Question：Who bought flowers?

☆：ビル，どうしてお花を持っているの？

★：お母さんの誕生日に買ったんだよ，エマ。

☆：あ，それって今日だった!

★：お父さんはケーキを持って帰ってくるよ。

質問：だれが花を買ったか。

選択肢訳

1 ビル。　　　　2 エマ。

3 彼らの父親。　　4 彼らの母親。

No.15　男性は図書館で勉強しようと誘ったが，女性がバスに乗って図書館に行くのはいやだと言うので，We'll just stay in the classroom and study here.「教室に残って，ここで勉強しよう」ということになった。classroomをschoolと言い換えている1が正解。

No.15 放送文

☆：Let's study together, Mark.

★：Sounds good, Lisa. Shall we go to the library?

☆：I don't want to take a bus.

★：OK. We'll just stay in the classroom and study here.

Question：Where will they study?

☆：マーク，いっしょに勉強しようよ。

★：いいね，リサ。図書館に行こうか？

☆：私，バスに乗りたくないな。

★：わかった。教室に残って，ここで勉強しよう。

質問：彼らはどこで勉強するか。

選択肢訳

1	学校で。	**2**	図書館で。
3	マークの家で。	**4**	リサの家で。

No.16　メリッサの披露宴でいっしょに歌を歌ってほしいという女性の頼みを男性は断った。その理由を男性はI'm not good at it. と言っている。つまり「それ（歌を歌うこと）が得意ではない（上手ではない）」から。I'm not good at it.をHe can't sing well.と言い換えている**2**が正解。

No.16 放送文

☆：May I ask you to do something?

★：Of course, Cindy.

☆：Can you sing with me at Melissa's wedding party?

★：Oh, sorry, but I can't do that. I'm not good at it.

Question：Why doesn't the man want to sing?

☆：お願いしたいことがあるんだけどいい？

★：もちろんだよ，シンディー。

☆：メリッサの披露宴でいっしょに歌ってくれない？

★：ああ，ごめん，でもそれはできないな。ぼく，それが得意じゃないんだ。

質問：男性はなぜ歌いたくないのか。

選択肢訳

1　彼はパーティーに行かないから。

2　彼は上手に歌えないから。

3　メリッサが彼に頼まなかったから。

4　彼はいい歌が思い浮かばなかったから。

No.17　娘は最後の発言で父親にI want to teach dogs to help people. 「犬に人の手伝いをすることを教えたいの」と自分のしたいことを述べている。teach dogs to help peopleをa dog trainerと言い換えている**4**が正解。

No.17 放送文

★：Have you thought about becoming a nurse, Luna?

☆：Yes, but I'm also interested in working with animals, Dad.

★：Do you want to be an animal doctor?

☆：No. I want to teach dogs to help people.

Question：What does the girl want to be?

★：ルナ，看護師になることを考えたことはある？

☆：あるわ。でも動物に関係がある仕事にも興味があるの，お父さん。

★：獣医になりたいの？

☆：ううん。犬に人の手伝いをすることを教えたいの。

質問：女の子は何になりたいか。

選択肢訳

1	看護師。	**2**　ペットショップの従業員。
3	獣医。	**4**　ドッグトレーナー。

No.18　質問が「女性はいつ中国に行ったか」であることに注意する。女性はI went there last year! 「私は去年そこに行ったわ！」と述べており，ここでのthereはChinaを指す。**2**が正解。

No. 18 放送文

☆：When did you get your passport?

★：I got it when I went to China two years ago.

☆：Oh, I went there last year!

★：Really? I need to go there in January again.

Question：When did the woman go to China?

☆：あなたはいつパスポートを取ったの？

★：2年前に中国に行ったときに取ったんだ。

☆：あら，私は去年そこに行ったわ!

★：本当？ぼくは1月にまたそこに行く必要があるんだ。

質問：女性はいつ中国に行ったか。

選択肢訳

1	2年前。	**2**	去年。
3	1月に。	**4**	先月。

No.19　女性が最後にMath was a little difficult, but I did OK on the others. 「数学は少し難しかったけど，ほかはまあまあできたわ」と述べていることに注意する。**4**が正解。on the othersと言っているので，数学以外の教科についても述べている点を聞き逃さないようにしよう。

No.19 放送文

★：I'm glad it's over.

☆：How did you do, Daniel?

★：Not very well. How about you?

☆：Math was a little difficult, but I did OK on the others.

Question：What are they talking about?

★：終わってうれしいよ。

☆：ダニエル，どうだった？

★：あまりよくなかったよ。 君はどう？

☆：数学は少し難しかったけど，ほかはまあまあできたわ。

質問：彼らは何について話しているか。

選択肢訳

1 彼らの先生。　　　　2 ダニエルのクラス。

3 数学の問題。　　　　4 テスト。

No.20　女の子のI like summer better than fall.「私は秋より夏が好きなの」という意見に，男の子はMe, too.「ぼくもだよ」と同意している。また男の子の最初の発言に「早く春が来てほしい」とあるが，これについても男の子は2番目の発言で「春より夏が好き」と言っている。男の子も夏が好きなのである。**2**が正解。

No.20 放送文

☆：It's too cold! I miss fall.

★：I want spring to come soon.

☆：Actually, I like summer better than fall.

★：Me, too. And better than spring.

Question：Which season does the boy like the best?

☆：寒すぎるわ。秋が恋しい。

★：ぼくは早く春が来てほしいよ。

☆：実は，私は秋より夏が好きなの。

★：ぼくもだよ。そして春よりもね。

質問：男の子はどの季節がいちばん好きか。

選択肢訳

1 春。　2 夏。　3 秋。　4 冬。

リスニング第3部		
(No. 21) **3**	(No. 22) **2**	(No. 23) **3**
(No. 24) **2**	(No. 25) **1**	(No. 26) **2**
(No. 27) **1**	(No. 28) **3**	(No. 29) **4**
(No. 30) **2**		

解説

No. 21　質問は「女性はジェフに何をしてもらいたいか」である。女性はI think I'll ask Jeff to do the shopping「買い物はジェフに頼もうと思う」と言っている。do the shopping「買い物をする」をBuy some food.と言い換えている**3**が正解。

No.21 放送文

I'm busy today. I need to get some food and cook for the party tonight. I think I'll ask Jeff to do the shopping, because I have to go to the bank before cleaning the house.

Question：What does the woman want Jeff to do?

私は今日は忙しい。今夜のパーティーのために食べ物を買って料理をしなければならない。家をそうじする前に銀行に行かなければならないので，買い物はジェフに頼もうと思う。

質問：女性はジェフに何をしてもらいたいか。

選択肢訳

1 銀行へ行く。

2 家をそうじする。

3 食べ物を買う。

4 彼女をパーティーに招待する。

No.22　質問は「ブラウンさんはいつ日本を訪れたか」である。質問は過去形なので，過去のいつ訪れたかを聞き取る。Mr. Brown took a trip to Japan in May for the first time. と言っているので**2**が正解。8月に再度日本に行こうとしたが，he was too busy to go「忙しすぎて行けなかった」と言っていることにも注意しよう。

No.22 放送文

Mr. Brown took a trip to Japan in May for the first time. He tried to take another vacation to Japan in August, but he was too busy to go. Now, he is planning to visit Japan in April.

Question：When did Mr. Brown visit Japan?

ブラウンさんは5月に初めて日本を旅行した。8月にもう一度，日本へ向かう休暇を取ろうとしたが，忙しすぎて行けなかった。今は，4月に日本を訪れる予定だ。

質問：ブラウンさんはいつ日本を訪れましたか。

選択肢訳

1 4月に。　　　2 5月に。

3 7月に。　　　4 8月に。

No.23　質問は「男性は今朝，娘とどこで話をしたか」である。男性はShe called me at the office this morning「彼女は今朝，オフィスにいる私に電話をしてきた」と述べている。Sheとはhis daughterである**3**が正解。

No.23 放送文

My daughter goes to a high school in this city and plays basketball. She called me at the office this morning because she broke her leg during practice. I'm going to her hospital now.

Question：Where did the man talk with his daughter this morning?

私の娘は市内の高校に通っていて，バスケットボールをしている。 彼女は今朝，オフィスにいる私に電話をし

てきた。なぜなら，練習中に足を骨折したからだ。私は今，彼女の病院に行くところだ。

質問：男性は今朝，娘とどこで話をしたか。

選択肢訳

1 娘の学校で。 2 学校の体育館で。
3 彼のオフィスで。 4 市の病院で。

No.24 聞かれているのは「セーターの値段」である。she bought a nice red sweater for $70 dollars「彼女はすてきな赤いセーターを70ドルで買った」と言っているので2が正解。

No.24 放送文

Stacy got $100 from her mother. She wanted to buy a white jacket, but it was $150. So she bought a nice red sweater for $70 dollars. Now she still has $30.

Question：How much was the sweater?

ステイシーは母親から100ドルもらった。彼女は白いジャケットを買いたかったが，それは150ドルだった。だから，彼女はすてきな赤いセーターを70ドルで買った。今，彼女はまだ30ドル持っている。

質問：セーターはいくらだったか。

選択肢訳

1 30ドル。 2 70ドル。
3 100ドル。 4 150ドル。

No.25 質問は「男の子の問題は何か」である。最初にI have a lot of homework, but I didn't have time to do it. 「ぼくは，宿題がたくさんあるが，する時間がなかった」と言っている。これをHe hasn't done his homework.「彼は宿題をしていない」と言い換えた1が正解。

No.25 放送文

I have a lot of homework, but I didn't have time to do it. After school, I went to my piano lesson, and after dinner, I watched my favorite TV show. Now I'm too tired.

Question：What is the boy's problem?

ぼくは，宿題がたくさんあるが，それをする時間がなかった。放課後はピアノのレッスンに行って，夕食後はお気に入りのテレビ番組を見た。今はもう疲れすぎている。

質問：男の子の問題は何か。

選択肢訳

1 彼は宿題をしていない。
2 彼は大好きなテレビ番組を見逃した。
3 彼はピアノの練習をしたくない。
4 彼は疲れすぎて学校に行けない。

No.26 「グレッグが訪れたとき」に「ボブが何をしていたか」が問われている。放送はwhen he was reading a comic book, Greg visited him「彼がマンガ本を読んでいるとグレッグが訪ねてきた」と言っている。heとはBobのことである。2が正解。

No.26 放送文

Today, Bob used his father's computer to check some information. After that, when he was reading a comic book, Greg visited him. They played a video game together until dinner.

Question：What was Bob doing when Greg visited him?

今日，ボブは，いくつかの情報をチェックするために父親のコンピューターを使った。そのあと，彼がマンガ本を読んでいるとグレッグが訪ねてきた。彼らは夕食までいっしょにビデオゲームで遊んだ。

質問：グレッグが訪れたとき，ボブは何をしていたか。

選択肢訳

1 彼はコンピューターを使っていた。
2 彼はマンガ本を読んでいた。
3 彼はビデオゲームをしていた。
4 彼は夕食を食べていた。

No.27 質問は「今日の天気はどうなるか」である。todayという語句に注意して放送を聞く。キーポイントが2か所に分かれて読まれるのでこの点にも注意しよう。今日の天気については，It'll be sunny with no clouds today「今日は雲一つない快晴です」と言ったあとで，It'll be very cold today「今日は大変寒くなる」とも言っている。1が正解。

No.27 放送文

This is the weekend weather report. It'll be sunny with no clouds today, but we will have a lot of rain on Sunday. It'll be very cold today, but it'll get a little warmer tomorrow.

Question：What is the weather going to be like today?

週末の天気予報です。今日は雲一つない快晴ですが，日曜日は雨がたくさん降るでしょう。今日は大変寒くなりますが，明日は少し暖かくなるでしょう。

質問：今日の天気はどうなるか。

選択肢訳

1 晴れて寒い。 2 曇って寒い。
3 雨で暖かい。 4 晴れて暖かい。

No.28　質問は「だれが男の子にケーキあげたか」である。cakeという語に注意して放送を聞くとI got a cake from my father「父からケーキをもらった」とあるので**3**が正解。gaveという語に集中して聞くと，My teacher gave me a big smile, and all my friends gave me kind words. とあり，間違えて**1**や**2**を選びそうになるので注意しよう。

No.28 放送文

I won first place in a speech contest. My teacher gave me a big smile, and all my friends gave me kind words. I got a cake from my father, and my mother cooked my favorite food. I'm very happy.

Question：Who gave the boy a cake?

ぼくはスピーチコンテストで優勝した。先生は満面の笑みを浮かべ，友達はみんな優しい言葉をかけてくれた。父はケーキを買ってくれ，母はぼくの好きな料理を作ってくれた。ぼくはとてもうれしい。

質問：だれが男の子にケーキあげたか。

選択肢訳

1　彼の先生。　　　2　彼の友達。
3　彼の父親。　　　4　彼の母親。

No.29　メアリーが今日，職場に行くのにかかった時間が問われている。時間を表す語が複数出てくるので，注意しよう。「今日」について，It took an hour and a half「1時間半かかった」と言っているので**4**が正解。

No.29 放送文

Mary goes to work by car. It usually takes thirty minutes to get there. But the road was very crowded today, so she arrived at her office at 9:45. It took an hour and a half, so she was late for work.

Question：How long did it take for Mary to go to work today?

メアリーは車で職場に行く。そこへ着くのに，いつもは30分かかる。しかし今日は道がとても混んでいて，彼女は9時45分にオフィスに着いた。1時間半かかったので，彼女は仕事に遅れた。

質問：メアリーは今日，職場に行くのにどのくらいの時間がかかったか。

選択肢訳

1　30分。　　2　45分。
3　1時間。　　4　1時間半。

No.30　ポールが6歳のときにいた国が聞かれているが，six「6」に注意して聞く。He moved to Italy at the age of six because of his father's job.「父親の仕事の都合で6歳のときにイタリアに引っ越した」と言っているので**2**が正解。

No.30 放送文

Paul was born in France. He moved to Italy at the age of six because of his father's job. He went to college in the U.S., and now he works in Australia.

Question：Where was Paul when he was six?

ポールはフランスで生まれた。父親の仕事の都合で6歳のときにイタリアに引っ越した。彼はアメリカ合衆国の大学に行き，今はオーストラリアで働いている。

質問：ポールは6歳のときどこにいたか。

選択肢訳

1　フランス。　　　　2　イタリア。
3　アメリカ合衆国。　　4　オーストラリア